마인드닥터의

가족행복
처방전

마인드닥터의 가족행복처방전

발행일	2015년 7월 20일

지은이	한 치 호		
펴낸이	손 형 국		
펴낸곳	(주)북랩		
편집인	선일영	편집	서대종, 이소현, 이은지
디자인	이현수, 윤미리내, 임혜수	제작	박기성, 황동현, 구성우, 이탄석
마케팅	김회란, 박진관, 이희정, 김아름		
출판등록	2004. 12. 1(제2012-000051호)		
주소	서울시 금천구 가산디지털 1로 168, 우림라이온스밸리 B동 B113, 114호		
홈페이지	www.book.co.kr		
전화번호	(02)2026-5777	팩스	(02)2026-5747

ISBN   979-11-5585-642-0 03180 (종이책)   979-11-5585-643-7 05180 (전자책)

이 도서의 국립중앙도서관 출판예정도서목록(CIP)은 서지정보유통지원시스템 홈페이지(http://seoji.nl.go.kr)와
국가자료공동목록시스템(http://www.nl.go.kr/kolisnet)에서 이용하실 수 있습니다.
(CIP제어번호 : CIP2015019212)

슬픈家, 이해하는家, 사랑하는家, 가족의 모든 것

마인드닥터의

가족행복 처방전

한치호 지음

북랩 book Lab

이 책을 나의 두 여인인
어머니와 아내에게 바칩니다.

머리말

　20여 년간 정신과 의사를 하면서 진료실에서 내원자들이 삶의 질곡에서 겪은 절절한 사연들을 생생히 들어왔다. 어린아이부터 80대 노인까지 삶이라는 것은 봐주지 않았다. 자신은 없어지는 것이 낫다며 절망의 나락에 빠진 사람들이 너무 많았다. 상처를 받고 배신을 경계하면서도 여전히 상대에게 너무 의존하다가 또 상처를 입는다. 결국 그 분노가 상대와 자신에게 향하여 우울증에 이른다.

　우울증은 갈수록 늘어나며 자살이라는 병적인 선택을 하는 원인이 된다. OECD 국가들 중 자살률 1위가 계속되니 우리는 그 원인들로서 많은 문제들을 말해왔다. 우울증과 우리 시대의 마음의 상처에서 가족을 빼고 원인과 치료를 논할 수 없음을 말씀드리고 싶다.

　내원자들에게서 듣는 부부 관계, 부자 관계, 모녀 사이 등은 축복의 관계에서 증오의 관계까지 그 사연들이 다양했다. 그렇다.

상처를 주는 사람도 가족이었고 상처를 받는 사람도 가족이었다. 가정이란 사랑의 보금자리이지만 상처가 현재 진행 중인 곳이기도 하다. 토니 험프리스가 『가족심리학』에서 '모든 가족은 서로를 깊이 사랑한다. 그러나 모든 가족이 전부 행복한 것은 아니다.'라고 언급한 것처럼 사랑이 가족행복의 만병통치약이 아닌 것에 우리들의 문제가 있다.

나는 내담자들에게 가족을 위해서 각자가 최고의 심리상태를 노력해야 한다고 부탁드린다. 가족들이 변화에 저항하고 자신이 가장 힘들며 억울하더라도 포기하지 않도록 격려한다. 모든 가족 안에는 꼭 한 명 이상의 가족치유에 훌륭한 역할을 하는 사람이 있다고 믿는다. 이렇게 절실한 이유는 너무 많은 가정들에서 너무 많은 분들이 트라우마를 가지고 있음을 보아왔다. 그 정도는 외상 후 스트레스 장애에 해당될 정도로 심각하였다.

부모와 가정을 세상의 전부로 여기는 어린아이들은 아빠와 엄마가 남남으로 갈라서며 홀로 남겨지는 과정에서 무섭고 원망하며 마음이 찢겨진다. 씻을 수 없는 상처를 가진 아이들은 어른이 되었다. 아빠가 술을 마시고 핏발 선 눈으로 폭력을 휘두를 때 아이는 차가운 밤길로 피해 떨었었다. 그 아이는 서른 살이 된 지금의 마음 한구석에 숨어 있고 그 자신을 어떻게 휘두를지 모른다.

엄마가 천사처럼 관대하다가 악마처럼 몰아치며 악담을 퍼붓는다면 아이는 눈치를 보는 자존감이 낮은 사람으로 성장할 수 있다. 그리고 이제 엄마, 아빠가 되어 자신도 똑같이 아이에게 반복한다. 이렇게 대를 이어서 되풀이되는 상처투성이의 가족들을 보면 가슴이 먹먹해진다.

가족사와 사연들을 들으면서 깨닫는 것은 '받은 만큼 줄 수 있다'는 것이다. 내 아이가 나에게 받지 못한 것들을 나는 기대해서는 안 된다. 하지만 나는 받지 못했다 하더라도 주지 못한 부모를 이해하고 용서해야 한다. 대를 이어 반복되는 상처의 사슬을 끊어야 하기 때문이다. 나는 우리 안에 반복되는 굴레들을 풀어내는 분들을 보면서 감동했다. 얼마나 힘든 작업인지 모른다.

결혼을 하지 않으려는 젊은이들이 늘어나고 있다. 가정이라는 울타리 안에서 가슴에 멍이 들고 그 관계들에 질려서 이리 되어 버린 것이 아닐까 생각해 본다. 난 젊은이들에게 결혼을 하도록 권유한다. 팔만 년 계속되어 온 인류의 삶에서 100년이 못 되는 삶을 살다 우린 죽을 것이다. 이 글을 읽는 당신에게 묻고 싶다. 자신의 생에서 가장 의미 있는 것은 무엇인가? 가장 행복했던 순간은? 그리고 아직도 진행 중인 숙제는 무엇인가?

반려자와 같이 살며 자신의 2세들을 낳고 부대끼며 살아야 이 질문들에 의미 있는 대답을 할 수 있다고 본다. 가족들과 삶을 같이해야 내 목숨보다 더 귀한 생명이 있음을 벅차게 느낄 수 있고, 우린 숙명 같은 의무를 피하지 않았음을 깨닫고 가슴을 쓸어내리게 될 것이다. 혼자 누리는 자유의 맛보다 가족과 같이 희로애락을 겪을 때 느끼는 인생의 맛이 훨씬 깊고 그윽하다.

가장 확실한 통찰은 죽는 순간에 이뤄진다고 한다. 그때 성공이나 돈보다 사랑한다고 더 표현하고 나누지 못한 것에 회한의 눈물을 흘릴 수 있다. 그러니 어떻게 살아야 할 것인지 알 것 같다. 생을 다하는 순간에 주마등처럼 시간들이 빠르게 지나간다. 그 수많은 인연들과 고통들이 다 의미가 있었던 것이다. 애통해서 다시 돌아갈 수만 있다면 우리는 그곳, 가족의 옆으로 갈 것이다. 다행히 지금 우리에겐 약간의 시간이 남아 있다. 우선 자신이 맺고 있는 관계가 건강한지를 평가해 보는 것은 어떨까? 가족들과의 관계 개선과 변화가 자신과 가족을 얼마나 달라지게 하는지 확인해보자. 부족한 이 책이 미력하게나마 그 역할을 하는 계기가 된다면 더 바랄 것이 없겠다.

가정의 각 관계들을 사례 중심으로 구성하였다. 이 사례들은 가족 구성원 전체에 대한 전문적인 집단치료가 아니다. 개인치료를 중심으로 하며 필요시에 가족치료를 병행하였다. 진료실에서 듣는 그들의 사연을 가능한 한 여과 없이 실었다. 그리고 신화, 소설, 영화, TV 드라마의 스토리를 가져와서 가족관계들을 이해하고자 하였다. 신화는 허구나 거짓말이 아니라 삶의 메타포(은유)이다. 삶에서 피할 수 없는 고통의 의미가 무엇인지를 넌지시, 때로는 잔인하게 제시하는 것은 신화만 한 것이 없다. 영화나 드라마는 이러한 신화, 전설의 메타포와 정수를 빌려 온 것이다.

치유를 도와주는 의사로서 무엇보다 중요한 것은 분석보다는 치유의 방법들일 것이다. 구체적 치료의 장인 진료실에서는 내담자와 공감, 라포(rapport), 치유적 동맹을 맺으며 그 관계 속에서 호전되고 극적으로 달라지는 경험들이 생긴다. 하지만 대중에게 담론을 제안하고 이에 대한 처방을 적는 것은 내 능력으로는 벅찬 것임을 책을 쓰면서 절감했다. 현재 삶의 의미를 알려고 노력해 온 한 정신과 의사가 가족의 힐링에 대한 부족한 처방전을 올리며 모든 가정의 행복을 기원한다.

차례

Digest

등장인물

선녀와 나무꾼에서 진료실의 그와 그녀까지
우리 이웃과 바로 나의 이야기

이 장은 Chapter 1~6에 나오는 인물들을 한눈에 파악할 수 있도록 정리한 것입니다.

◉ 부부 관계, 결혼은 골인이 아니었다

'선녀와 나무꾼'의 선녀

날개옷을 도둑맞고 나무꾼의 가정에 안주한 후 아이 셋을 낳았으나 갈수록 날개옷이 그리워지는 결혼생활이었다. 이제 자기 여자라고 안심한 남편이 내어준 날개옷으로 아이들을 데리고 하늘 친정으로 돌아가 다시는 지상시댁으로 돌아오지 않는다.

'선녀와 나무꾼'의 나무꾼

선녀를 가지고 싶다는 열정만으로 사슴이라는 남성의 본능에 따라 날개옷으로 상징되는 여성성을 숨기며 억압하여 그녀와 아이들을 모두 떠나가게 만들어 권위적이고 비겁하여 불쌍해져 버린 남성의 상징이 되고 만다.

'지금이라도 헤어지고 싶어요'의 여성 A(55세)

온유한 현모양처로 30여 년간 아이들을 다 길러냈으나 엄마(시어머니)의 아들로만 살아왔고 독선적인 남편으로 인해 화병이 심한 지금, 더는 못 참고 이혼을 결행하려 한다.

남성 A(여성 A의 남편, 59세)

밖에서는 너무 좋은 사람이나 가정에서는 조용한 독재자로 애정 표현이 없는 무미건조한 완벽주의자이다. 무서운 아버지 밑에서 성장하며 엄마와는 모자캡슐처럼 강한 애착으로 살아왔다.

남성 B(여성 A의 아버지)

마음이 약한 호인이자 호구로서 빚보증으로 가산을 날리고 제 식구들을 책임지지 못하는 무능력한 알코올의존 가장이다. 딸 A가 자신과는 반대의 남성과 결혼하게 만든 셈이다.

여성 B(여성 A의 어머니)

가장 역할을 하지 않는 남편을 대신하여 억척스럽게 가계를 이끌어 가며 점차 사나워졌고 장녀 A를 의지하면서도 끝쥐 엄마처럼 대해왔다.

남성 C(여성 A의 시아버지)

다혈질이고 독선적인 가장으로 가족들에게 군림하며 세상은 자신이 쓰러뜨리지 않으면 잡아먹히는 살벌한 곳이라며 전쟁하듯이 살아온 사람이다.

여성 C(여성 A의 시어머니)

온순하고 주관이 부족하여 강한 남편의 눈치를 보며 신경과민증을 가지고 살아왔고 이혼이 소원이나 남편과 세상이 무서워 하지 못하며 아들(남성 A)을 의지한다.

이몽룡

조선시대 최고의 러브스토리 사건을 일으킨 장본인. 신분의 차이에 고민하고 춘향의 진심을 잠깐 의심하지만 낮은 신분의 애인을 배려하며 지혜, 해학, 겸손, 열정을 보여 아름다운 남성의 상징이 되었다.

성춘향

신분의 차이를 극복하며 사랑을 성취한 아름답고 절절한 사랑의 대명사. 농후한 성적 매력을 발산하면서도 절개를 지키며 지혜와 용기를 발휘하여 그녀의 발칙한 러브스토리는 해피엔딩이 되었다.

오디세우스

그리스 신화에서 불굴의 투지와 인내, 지혜로 영웅의 반열에 오르는 가슴 따뜻한 남자. 영생의 유혹을 거부하고 가족을 향해 포세이돈이 지배하는 거친 바다로 뛰어든다.

페넬로프

오디세우스의 자리를 노리고 달려드는 많은 늑대들을 원숙한 지혜와 용기로 물리치며 아내와 어머니의 자리를 지켜내는 외유내강형의 여성영웅이다.

노년의 고부부들

가요 '어느 60대 노부부의 이야기'에는 수십 년을 해로하고 이제 '여보, 안녕히 잘 가시게' 하며 가슴으로 떠나 보내고 뒤따라가는 노부부의 아련한 모습이 그려진다. 내 아버지와 어머니에게, 영국의 그 노부부에게, 나에게 오시는 그 70대 노부부에게, 오늘 길에서 보았던 그 쓸쓸한 뒷모습의 초라한 할아버지에게, 그리고 늙어갈 나와 내 아내에게, 아니 우리들 모두에게 연민의 정을 느낀다.

● 부자 관계, 부자유친 – 신의 한 수

'아버지와 장남'의 아들 A(고1 남학생)

아주 얌전한 아이였으나 반장을 때려 학폭의 가해자가 되었다. 반장의 '병신'이라는 거듭된 욕설에 참지 못했는데 사실 이 칼날 같은 말을 지속적으로 해온 이는 A의 아버지였다.

아버지 A(아들 A의 아버지, 46세)

장남인 아들 A에게 사랑을 표현하지 않고 엄한 훈육을 해왔다. 책임감이 강해야 하는 장남을 부드럽게 키우면 약해진다고 믿고 있다. 자신도 장남으로서 아버지로부터 다정한 말 한마디를 들은 적이 없었다고 한다.

'아버지는 아들에게 삶의 전형'의 아들 B(중2 남학생)

아버지와 닮은꼴로 거칠고 충동적인 성격이며 학교의 '짱'이다. 폭력이 동반된 훈육으로 쌓여진 분노가 쉽게 폭발하곤 했다. 치료를 통하여 관용성이 길러지자 친구들을 보호해주는 선도부장이 되었다.

아버지 B(아들 B의 아버지, 44세)

자신의 뜻을 거스르면 참지 못하는 과격한 성격으로 성장환경에서 부모의 학대와 방임이 있었고 황폐해진 마음은 노름과 술에 중독되었다. 문제를 깨닫고 부자 관계를 위해 노력한다.

오이디푸스

왕자로 태어났으나 아버지를 살해하고 어머니와 결혼할 것이라는 아폴론 신의 예언대로 삶이 펼쳐진 그리스 신화의 비극적 인물로 시시포스처럼 피할 수 없는 혹독한 운명이었던 인간적인 영웅이다.

페르세우스

외할아버지를 살해할 것이라는 신탁으로 죽음에 몰리지만 지혜와 용기로 괴물을 처치한 후 예쁜 아내를 얻고 왕의 자리에 올라 오래오래 행복하게 사는 해피엔딩을 맞는 그리스 신화의 영웅이다. 신탁대로 패륜을 저지르지만 문제가 되지 않은 것은 제우스신의 혈통이기 때문일까?

'철 없는 아버지와 산만한 아들'의 아들 C(고2 남학생)

아들바라기 엄마를 위해서 공부를 열심히 하려 하지만 공부가 지옥으로 느껴져 일탈하고 자동차수리일을 하려고 고집하여 엄마를 펄쩍 뛰게 만든다. 진단에서 ADHD로 나왔고 이에 대한 치료와 아버지의 협조로 자퇴를 하지 않게 된다.

아버지 C(아들 C의 아버지, 45세)

외향적이고 사교적이며 즐거움만 좇고 책임감이 부족하여 철이 없는 남자라는 부인의 원망이 크다. 차남으로 아버지가 한량이었고 이런 아버지를 욕하는 어머니의 말을 들으며 자랐다.

어머니 C(아들 C의 어머니, 43세)

학교 교사로서 책임감이 강하고 자기 주관이 분명한데 남편은 아내가 고집이 세고 똑똑한 척하며 재미가 없는 여성이라며 질색한다. 은퇴한 교장인 아버지를 닮아 완벽주의자이다.

조셉 캠벨(1904~1987)

미국의 비교신화학자로 20세기 최고의 신화해설자. 신화와 영웅을 학술의 세계에서 보통 사람들의 삶 속으로 가져와서 우리 삶이 신화이고 우리가 영웅임을 깨닫게 해주었다. 신화에서 어머니를 떠나 아버지를 찾는 것은 우리의 개성과 운명을 탐색하는 것이라고 하였다.

작가 조정래님과 수필 '아들과의 여행'

그는 아들을 엄하게 훈육하다 아버지를 무서워하고 멀리하는 아들을 보며 충격을 받는다. 그래서 떠난 사흘간의 여행에서 훈육보다는 친밀해지려 노력하였고 부자 관계는 회복의 실마리를 찾는다.

● 모녀 관계, 엄마의 말뚝

딸, 후남, 1992년 드라마 '아들과 딸'의 주인공(김희애 분)

귀남의 앞길을 막지 말라는 뜻의 이름을 가진 '후남'은 엄마의 차별을 받으며 서러운 시절을 보내지만 학문에 대한 꿈을 포기하지 않고 훌륭한 소설가가 된다. 의붓딸처럼 천대한 어머니를 용서하고 해피엔딩을 일궈내었다.

아들, 귀남(최수종 분)

남아선호사상이 뿌리 깊은 집에서 어머니의 전폭적인 사랑과 지원을 받는다. 법관이 되기를 바라는 어머니의 기대로 남자다울 것을 끊임없이 강요받지만 워낙 마음이 여리고 독하지 못하여 꿈을 이루지 못하고 무거운 중압감에 번민하며 산다.

후남과 귀남의 엄마

한량 남편에 삶이 고단하여 등불인 귀남이의 성공을 위해 살지만 더 똑똑한 딸 후남이 밉다. 결국 판사 아들 만들기는 실패하고 천대했던 후남은 검사와 결혼하여 돌아와 지친 자신을 안아주는 데 너무 미안하고 후회가 된다.

콩쥐와 팥쥐

서양의 신데렐라처럼 여성들의 모녀 관계를 통해서 사랑과 고통을 보여주는 성장동화이다. 콩쥐 엄마가 죽고 팥쥐 엄마가 팥쥐를 데리고 등장하는데 이는 소설의 장치로서 네 여자들은 여성의 여러 속성을 말하는 것 같다. 콩쥐 엄마가 사랑이 빠져나가 미움이 가득한 사나운 팥쥐 엄마가 되어버리면 모녀 관계뿐 아니라 가정의 모든 관계들이 불행해진다.

'버림받을 수 있는 나'의 여성 A

20대 후반의 영화감독으로 우울증, 폭식증과 거식증이 심하다. 누구든 자신을 깊이 알게 되면 실망하고 버리게 될 것이라고 믿고 있어 사람들에게 자신 있게 다가가지 못하는 콤플렉스 덩어리의 미녀이다. 허한 마음을 음식이 아닌 자기존중감으로 채우려는 치료를 시작하였다.

영화 '마요네즈'(1992)의 모녀

사랑을 받고 싶고 여자이기를 포기하지 않는 푼수 엄마(김혜자 분)는 남편이 술과 폭력을 일삼다가 중풍으로 세상을 떠나자 '엄마를 건지지 못하는 딸'인 아정(최진실 분)의 집에 들어가 산다. 아정 자신도 나이가 들면서 점차 미워하는 엄마를 닮아가는 것을 깨닫는다.

마인드닥터의
가족행복처방전

영화 '인어공주'(2004)의 모녀

엄마 연순(고두심 분)은 무능력하고 착하기만 한 남편 대신에 생계형 가장 역할을 하는데 딸 나영(전도연 분)이 진저리를 칠 정도로 너무 억척스러운 아줌마다. 과연 우리 엄마는 사랑이란 걸 해보기는 했을까? 나영이 본 20대의 순수한 사랑을 하는 여린 연순은 어쩌다가 욕쟁이 때밀이 아줌마가 되었을까?

'이제 엄마 곁을 떠날래요'의 엄마 B

솜털같은 심약한 심성의 소유자로 남편의 외도에 대해 제대로 대처하지 못하고 딸 B에 의지하고 있다. 과연 그녀는 남편에 대해서 단호한 태도로, 세상에 대해선 씩씩한 태도로 자립을 준비할 수 있을까?

'이제 엄마 곁을 떠날래요'의 딸 B

지치고 힘든 모습으로 내원한 이 20대 여성은 부모님의 불화 사이에서 아버지에 대한 엄마의 방패 역할을 하며 끔찍한 기억들을 고스란히 겪었다. 이제 엄마 곁을 떠날 준비를 하고 있으며 아버지의 영향으로 남성을 불신하며 결혼을 거부하는 문제도 숙제로 짊어지고 있는 솜털같이 여린 여성이다.

소설 『엄마의 말뚝』의 모녀

엄마는 남편을 잃은 후 아들에 대한 신앙 같은 마음으로 고단한 삶을 아들과 딸의 교육에 헌신한다. 삯바느질을 하여 마련한 인왕산 달동네의 작은 집은 엄마의 말뚝이었고 여기에 같이 매여진 딸은 오빠의 성공을 위해 성전을 치루는 엄마를 질리도록 겪는다.

나의 할머니와 어머니, 두 고부

함경도 흥남의 한씨 문중으로 시집 온 전주 이씨 나의 할머니는 아들 셋과 딸 셋을 잘도 낳아주며 기가 센 성정으로 말뚝을 잘 박으셨다. 1·4후퇴 때 두 아들과 두 딸의 어린 손을 잡고 업고 흥남에서 빅토리아호를 타고 남으로 피난을 와서 부산에 정착하셨다. 우연히 같은 고향인 흥남에서 피난 온 며느리를 얻게 되셨다. 어머니는 백골부대 대장으로 불리는 기가 센 시어머니와 강한 남편 사이에서 가난한 살림을 하며 많은 고생을 하셨다. 할머니가 패혈증으로 갑자기 돌아가신 후 마음이 여리고 부지런한 어머니는 자신만의 방식으로 말뚝을 잘 관리하며 살아오셨다.

'엄마의 장녀'의 모녀

딸 C는 4남매의 장녀로 어릴 적부터 동생들을 챙기고 집안일을 돕도록 길러졌다. 결혼 후에도 자신에게 의지하는 엄마와 과묵한 남편으로 인해 우울해져 아이들에게 화를 심하게 내는데 이런 자신이 너무 싫다.

93세의 어머니와 67세의 딸

포토에세이 『엄마 사라지지 마』는 작가 한설희가 아버지가 갑자기 돌아가신 후 어머니마저 사라질까 하는 조바심에 어머니의 모습을 사진에 담은 기록이다. 작가는 '모든 영혼이 지나가는 정류장'인 엄마를 여자와 딸의 시선으로 담아내었다.

● 부녀 관계, 아빠를 부탁해

무서운 아버지와 두 딸

장녀 A의 아버지는 무서운 성격으로 술과 폭력 을 동반하며 가족에 군림하였고 어머니는 자신은 아파서 죽게 되거나 집을 떠날 것이라며 자주 드러누웠다. A는 불안하여 엄마를 지키는 도우미가 되었고 엄마 대신에 맞았으며 동생을 달래며 성장했다. 결혼후 항상 상대의 눈치를 보며 전전긍긍하는 강박증과 우울증의 모습으로 내원하였는데 자신 외에도 위암에 걸린 홀로 남은 아버지와 너무 사나운 여동생은 그녀의 고민이다.

소설 『아버지』의 부녀

딸 바보 아버지는 어느 순간부터 가족들과 저만큼 떨어져 술에 절어 있고 딸에게 가족보다 친구가 더 소중한 아버지로 보이게 되었다. 췌장암 말기임을 알고 절망하며 가족을 사랑하던 방식대로 조용히 떠나가려고 하는데 딸 지원은 아버지에게 비수처럼 가슴을 찌르는 내용의 편지를 보낸다.

드라마 '내 딸 서영이'의 부녀

아버지(천호진 분)는 아이들에게 다정한 아버지였으나 술과 노름에 빠져 생계를 위해 고생하는 아내를 돌보지 않는 나쁜 가장이 되었다. 엄마가 쓰러져 돌아가시고 딸 서영은(이보영 분) 아버지의 딸이기를 거부하며 집을 나가 판사가 되고 재벌가의 며느리로 들어간다. 새 사람이 되어 자학하는 아버지는 그녀의 곁을 맴돌며 가슴이 타들어간다.

『심청전』에서의 부녀/ 우매한 아버지와 다 바치는 딸

어미가 없어 아비가 젖동냥을 하여 키운 심청이는 빈한한 살림에 세상 일에 우매한 장님 아버지를 봉양하며 효녀로 자란다. 사리분별을 하지 못하여 공양미 시주약속을 한 아버지 때문에 자신의 희생으로 아버지가 눈뜸을 믿지 않으면서도 인당수에 몸을 던진다. 시대가 요구하는 역할 이상을 해내는 딸은 효녀의 귀감이기도 하지만 아버지들을 일깨우는 청량한 경종이기도 하다.

소설 『아빠와 딸의 7일간』의 부녀

'세상에서 아빠가 제일 싫은' 여고생 딸과 '세상에서 딸을 가장 사랑하는' 샐러리맨 아빠가 몸이 바뀌면서 겪는 소동들을 그리는 데 공감을 위해서는 상대의 입장이 되어 보기가 확실한 방법임을 보여준다.

사이코드라마의 주인공으로 나온 40대 여성

우울증인 여성은 빈 의자에 아버지를 상상해보자고 하였을 때 아버지로부터 받았던 상처들과 가족사를 봇물처럼 쏟아냈다. 아버지의 죽음의 장면에서 절절한 감정들을 직면하며 아버지로부터 사랑을 받고 싶어 했음을 깨닫게 되는 등 내면의 큰 변화가 일어났다.

'용서'에서의 부녀

아빠로 인해 깊은 상처를 지닌 딸 '나비'와 자신에게서 점점 멀어지는 딸의 마음을 알 수 없어 답답하고 안타까운 아빠는 필리핀으로 화해의 여행을 떠났다. 가정을 운전하는 데 초보였음을 깨달은 아빠는 나비의 자살시도와 속마음을 이해하고 오열하였다.

● 모자 관계, 가장 강한 애착

영화 '피에타'에서의 모자

무전유죄의 삭막한 서울의 청계천에 악랄한 사채업자 강도(이
정진 분)앞에 그를 버린 어미라며 미선(조민수 분)이 나타난다. 그리
고는 사랑을 받아본 적이 없는 악인을 지극한 모성으로 교화시
켜 사랑과 고통을 느끼게 만든다. 사실 그녀는 강도에 의해 아들
을 잃은 어미로서 복수를 위해 나타난 것이었으니 그 복수의 잔
인한 방법은 무엇일까?

그리스 신화에서 모자 관계

가이아와 레아는 남편들인 우라노스와 크로노스를 배신하고
제우스 등 아들들을 구해내는 무조건적인 모성애를 보인다.

오이디푸스의 어머니 이오카스테는 사건의 전모를 알게 되지
만 아들을 원망하는 대신 자살을 선택한다.

메데이아는 이아손과 결혼에 성공하지만 그가 다른 여자를 다
시 사랑하자 그녀를 죽이고 이아손에게 고통을 주기 위해 자신들
의 아이들을 죽여 버리는 독부의 전형이다.

영화 '마더'의 모자

지능이 낮은 장애자 아들 도준(원빈 분)에게 헌신하는 마더(김혜자 분)는 도준이 살인사건에 연루되어 범인을 찾아 나서다 목격자를 통해 아들이 범인임을 알게 되자 증인을 죽인다. 삐뚤어진 모성애와 광기를 보여주는 이 엄마가 갈대밭에서 춤을 추는 그 얼굴은 멍하고 망연자실하면서 깊은 슬픔을 보여준 명장면이었다.

모자캡슐의 엄마 A

즐거움만 찾는 무책임한 남편과 아들의 교육을 위해 이혼하고 엄친남을 만들어 결혼시켰으나 아들에 대한 박탈감과 고부갈등으로 우울증을 심하게 겪는다. 이제 그녀의 남은 인생과 아들을 위해서 모자캡슐을 깨뜨릴 때가 온것이다.

모자캡슐의 아들 A

엄친아로서, 엄마의 기쁨이 자신의 행복이어서 놀지 않고 공부만 파고 들어 1등급 인생으로 결혼까지 성공하는 듯하였다. 아내로부터 마마보이 취급을 당하고 엄마와 아내 사이에서 갈등하다 술과 폭력으로 위기를 맞았다.

엄마를 폭행하는 엄친아 아들 B

극도로 날카로운 불안한 마음으로 피해망상에 빠져있는 아이는 정신이 피폐한 상태였다. 어릴 때부터 좋은 결과가 나오지 않으면 엄마가 질책하거나 쓰러졌기에 어떻게든 일등을 하려 했고 성취감보다 항상 초조했고 행복한 적이 없었다. 이제 자기 방에서 나오지 않고 있고 엄마가 슬퍼하며 흥분하면 욕설을 하며 때리고 있다.

엄친아의 엄마 B

자사고에 입학한 자랑스러운 아들이 친구를 폭행하고 자살소동을 일으키자 아들의 성취를 낙으로 살아오던 그녀는 나락으로 떨어져 가슴을 부여잡고 내원하였다.

매 맞는 아이들

2013년 울산의 '서현이'(9세)는 새엄마의 만성적인 학대로 사망하였다. 부모에게 실형이 선고되었고 새엄마는 살인죄가 적용되었다. 매 맞는 아이들이 늘어나는 것을 이제는 가정의 문제로 국한하지 않고 공적시스템의 구축으로 아이들의 불행을 예방하려는 노력이 필요하다.

엄마를 떠나지 못하는 아들 D

강박증적이고 경직된 성격으로 직장에서 갈등을 겪은 후 사직하고 자신의 방에서 나가지 않으며 엄마와만 소통하는 캥거루족이다.

엄마 D

자랑스러웠던 아들이 자신의 육아낭 속에서 인터넷으로 사람과 세상을 만나고 손이 헐 정도로 수십 번을 씻는 것을 지켜보며 화를 내는 남편과 아들 사이에서 속이 타고 있다.

드라마, '넝쿨째 굴러온 당신'의 며느리 차윤희(김남주 분)

능력 있는 고아를 이상형으로 꼽아온 커리어우먼으로 완벽한 조건의 외과 의사 방귀남(유준상 분)을 만나 결혼하지만 상상하지도 못했던 시어머니의 등장으로 그녀의 '시월드'가 시작되었다.

드라마, '넝쿨째 굴러온 당신'의 시어머니 엄청애(윤여정 분)

잃어버린 아들을 몇십 년 만에 찾았는데 그 옆에는 여시같은 며느리가 있다. 이 왕고참과 신참은 많은 갈등을 겪지만 서로 이해하고 양보하면서 넝쿨가족이 되는 데 성공한다.

● 사별을 겪는 가족, 죽음을 대하는 우리의 자세

부부의 사별, 노년 부부들

'여보, 안녕히 잘 가시게' 하며 쭈그러진 손으로 기운이 다 한 손을 잡아주는 그 속내 안에 사랑, 연민, 감사의 마음이 농축되어 있다면 이분들은 잘 살아오신 분들일 것이다. 여유 있고 유연한 노년들은 자신만 바라보며 검은 머리가 파뿌리 될 때까지 동고동락한 배우자의 마지막을 따뜻하게 지켜줄 수 있을 것이다.

젊은 부부의 사별, 여성A

부모님으로부터 학대 수준의 양육을 받다 가출한 후 처음 만난 남성과 결혼하여 살아온 A는 엄마의 아들로서만 역할하며 자신을 너무 힘들게 했던 남편을 간암으로 떠나보낸다. 그의 뉘우침의 유언을 가슴으로 꺼안고 부모가 낸 상처와도 화해하게 되었다.

자식과의 사별, 여성 B

자신의 이혼과정에서 아들을 자살로 잃은 뒤의 삶은 이전과 너무 다른 고통의 시간들이다. 아들을 잊지 못해 괴롭고 잊혀질까 두렵다. 매일 반복되는 아들의 예전 모습을 가슴에 묻고 아들의 사진을 보며 하루를 시작한다.

마인드닥터의
가족행복처방전

부모와의 사별, 여성 C

자매처럼 각별하던 엄마를 병으로 잃었다. 어머니에게 너무 무심하여 미운 아버지와 남동생을 돌보며 엄마 역할을 해야 하지만 생의 의욕을 다 잃고 직장도 그만둔다. 대장암에 걸려 치료를 거부하는 아버지를 설득할 힘도 없다. 그러나…

재난과 참사로 인해 사별을 겪어야 하는 희생자와 가족

2014년 4월 16일에 일어난 세월호 참사는 304명의 많은 희생자 수 이외에도 우리에게 평생 가슴에 한이 될 사건이다. 아직 피어나지 못한 꽃같은 학생들이 너무 많았고 사고의 원인이 우리 어른들이 자초한 시스템의 병폐이기 때문이다. 그동안의 대형참사들인 삼풍백화점 붕괴, 성수대교 붕괴, 씨랜드 화재, 대구 지하철 화재, 경주 마우나리조트 붕괴 등에서 살아남은 분들이 겪어온 외상 후 스트레스 장애는 그 당시의 참혹한 영상을 잊혀지지 않게 한다. 유가족들은 그 이전의 삶으로 돌아갈 수 없다. 그들의 희생은 잊어야 하는 것이 아니라 우리 사회의 숙제이다.

최면치료 사례의 D

30대 남자환자. 조울증과 알코올의존의 문제와 가족간의 심한 갈등에 대한 최면치료 과정에서 전생으로 상상해볼 수 있는 시기들에 대한 기억을 떠올렸다. 현재의 갈등과 고통의 의미를 깨달은 그는 술을 끊고 가족을 대하는 태도가 무척 성숙해졌다.

최면치료 사례의 E

여고생. 반항적이어서 어머니와 전쟁하는데 어머니에게 향하는 분노를 모녀 모두 이해하지 못했다. 최면치료의 연령퇴행에서 아이는 어머니와 여러 번에 걸쳐 질기고 모질었던 모녀의 인연을 되풀이하는 기억을 떠올렸다. 사실여부를 떠나 가슴으로 보고 느낀 것은 백마디 말보다 효과가 있게 마련이다.

브리트니

불치병에 걸려 지독한 고통에 시달리던 29세의 결혼 2년차 브리트니는 존엄사를 선택하여 자신이 정한 시간에 사랑하는 사람들에게 둘러싸여 세상을 떠났다. 자신보다 좀 더 이 지구에 머무는 이들을 위해 아름다운 말을 남기고서.

가수 신해철 님

 누구의 남편이든, 아내이든, 자식이든 오늘이 내 가족을 보는 마지막 날일 수 있다. 갑자기 우리 곁을 떠난 신해철님은 자신의 심적 고통과 아내의 병을 가족에 대한 사랑으로 극복하였던 아름다운 사람이기에 너무 안타깝다.

Chapter 1

부부 관계,
결혼은 골인이 아니었다

패배감과 무력감에 빠져 술에 의지하며 사나워지는 아버지를 보며 그녀의 이상형은 생활력이 있어 가족을 먹여살릴 수 있는 남성이 되었다. 그녀에게 구원자처럼 보였던 남편은 성실한 사람이었으나 너무 고집이 세고 원칙주의자이며 경직된 사람이었다.

상대를 예측하자. '어쩌면 저럴 수가!'는 배우자를 제대로 파악하지 못했기에 나오는 비명이다. 파트너의 패턴을 파악한다면 '그럴 줄 알았어. 그런데 말이야'라고 타협을 시작해볼 수가 있을 것이다.

진료실에서 가장 많이 접하는 연령대가 30, 40대 주부, 즉 아줌마 군단이다. 이분들의 가장 흔한 모습은 우울한 기분이고 그 원인은 대부분 배우자와의 갈등, 고부 갈등, 육아 스트레스인 것을 보아왔다. 가장 많이 하는 호소 중 하나가 "남편이 연애할 때는 그러지 않았는데 결혼하고 나니 사람이 변했어요."이다.

연애를 할 때 우리는 "첫눈에 반했다", "사랑에 빠졌다"라고 한다. 열렬히 사랑을 얻기 위한 작업을 하고 상대방이 자신에게 관심과 사랑을 주기를 갈망한다. 서로 좋아하여 두 사람 사이의 벽이 무너지면 사랑의 열정이 시작된다. 나도 사랑에 빠졌을 때 둘이 아니고 하나라고 느껴지는 그 일체감이 아주 강렬했던 기억이 난다. 세상을 다 얻은 기분이었고, 둘의 사랑이라면 어떤 난관도 두려울 것이 없었다. 그래서 항상 같이 있고 싶었고 '너는 내 운명'이라고 믿었기에 결혼했었다.

신혼부부이든 오래된 부부이든 갈등이 심해지고 우울해하며 갈라서는 일들이 점점 늘어나고 있다. 상대가 변해서 실망하고 상처를 받았다며 도저히 이런 사람과 평생을 같이할 수 없다고 다시 확신하는 것이다. 그러니까 처음의 선택이 잘못된 것이니 자신들은 맞지 않는 것 같다며 부부클리닉에서 두 사람이 나를 쳐다보면 정말 고민이다. 판결을 받으러 온 것은 아니기에 어떤 핵심 문제가 있는지 진단을 해주어야 하는 것이다.

사랑과 결혼의 문제는 나도 자유로울 수가 없었다. 정신과 전공의가 된 후 결혼했는데 정신과 의사라는 것이 결혼의 선택에 도움이 된 것은 전혀 없었다. 사랑에 빠져 눈에 콩깍지가 씌었는데 나와 잘 어울릴지 객관적 판단을 어떻게 한단 말인가. 더구나 내가 나를 모르는데 어찌 우리 두 사람이 백년해로할 커플일지 알 수 있을까. 그저 근거 없는 확신이었고 그 확신을 지핀 것은 오로지 사랑의 불꽃이었을 뿐이었다. 이제 결혼 22년차인데 돌이켜보면 많이 갈등했고 지금도 시행착오를 겪으며 살고 있다. 미울 때는 밀려오는 분노로 극단적인 표현까지 하며 이제 이 사람과 끝장이라고 생각하기도 했다. 상처를 주고받지만 피드백을 잘하여 갈등을 극복하면 상처가 훈장이 되기도 하는 것이 부부 관계이다. 어떻게 하면 상처를 적게 주고 덜 받으며 서로에게 훈장을 달아줄 수 있을지는 모든 부부들의 고민이다.

● 사랑은 소유가 아니라 행위이다

사랑의 불꽃이 사그라지면서 속속들이 다 보고 겪으면 환상이 깨어진다. 항상 같이 있기를 원했던 그 일체감의 기쁨이 점점 줄어간다. 가끔 서로를 보며 사랑을 말하고 확인하지만 더 많은 시간을 두 사람의 관계에서 만들어진 사람들에 대한 의무와 일상에 바쳐야만 한다. 시간이 지나가며 매너리즘에 빠져 있는 자신을 보며 이게 아닌데 하고 생각하게 된다. 심각한 사연들로 진료실을 찾는 분들과 상담하며 결혼이라는 의식 이후에 난 무엇을 놓치고 잘못했는지 고민을 해왔다.

결혼이라는 계약으로 상대방의 육체와 감정, 생각까지 독점하게 되었다고 믿어버린 것이 문제의 시작이었던 것 같다. 이제는 '내 것'이 되었으니 아내의 나에 대한 관심과 애정에 불안해할 필요는 없어진 것이라고 안심했다. 그래서 점점 사랑을 받기 위한, 하기 위한 노력을 하지 않게 된 것 같다. 그리고 내가 사랑이라고 여기며 노력한다고 여겼던 것들이 혹시 상호의존, 자식에 대한 공동의 사랑, 결혼이라는 관계를 유지하기 위한 의무가 아니었는지 의문이 들었다.

부부 상담을 해나가면서 깨달은 것은 나뿐 아니라 많은 사람들이 결혼을 골인 지점으로만 여겼다는 것이다. 그러니 안심하고 그곳에 그어진 출발선을 간과하여 멈춰서버렸다. 계속 달려나가며 서로의 관계를 발전시켜야 했다. 그런데 이미 서로를 속속들이 다 알게 되었다고 건방진 착각을 이어오며 살아온 것이다. 내가 아는 그 사람은 나에게 보여준 한 단면일 뿐이다. 결혼하고 사람이 변한 것이 아니라 연애할 때는 서로 콩깍지가 씌어서 다른 단면들을 못 보았던 것이다. 사람은 세월이 가며 생각과 감정이 바뀌는데 이를 따라가지 못하고 과거의 기억으로만 대하면 '당신이 변했다. 사랑이 어떻게 변하니'라는 대사가 나오게 된다.

사회학자이며 정신의학자인 에리히 프롬은 "사랑에 빠진다는 말 자체가 모순이며 우리는 사랑 속에 서거나 걸을 수 있어야지 빠질 수는 없다."고 했다. 빠진다는 것은 수동적인 결과를 말하는 것인데, 사랑은 능동적인 태도와 행위라고 역설한 것에 공감한다. 모든 사랑은 노력하고 연출하지 않으면 식어버리는 살아 있는 유기체와 같다. 성말 불씨가 꺼지지 않게 노력하지 않으면 권태의 늪에 빠져버린다. 사랑의 행위만이 우리를 유지시켜주는 것이지 사랑의 여신을 소유할 수는 없는 것이다.

많은 가장들이 가정과 가족을 사랑하며 책임감으로 지키려고 노력한다. 이런 면에서 우리나라의 남자들은 참 성실한 것 같다. 오랜 세월 동안 전쟁 같은 사회생활에서 지치면 고개 숙인 남자가 된다. 이럴 때 자신이 지켜온 가족들의 지지와 사랑이 필요할 때이다. 그런데 현실은 어떤가. 아버지가 들어오는 소리가 나면 아이들은 인사만 하고 제 방으로 들어가 버린다. 리모컨을 잡고 텔레비전을 보며 부부는 서로 말이 없다. 아빠는 꽤 오래전부터 소외되었고 아이들은 엄마하고만 대화하려고 한다.

어릴 때 안아주고 뽀뽀해주면 좋아하던 아이들은 좀 커버리면 이제는 자의식을 갖게 된다. 존중받기를 원하고 비밀도 가지므로 조심스럽게 접근해야 사이가 단절되지 않는다. 급격하게 변하는 아이들에 대한 정보를 잘 모르는 남자는 아내의 도움을 받아야 한다. 그런데 아내와도 소통이 되지 않고 있다면 가장은 정말 불통의 남자가 되는 것이다. 정작 본인은 이 문제를 깨닫지 못하고 자신의 방식을 의심하지 않는다. 강하다고 생각하는 남성들일수록 자신의 틀을 깨면 무너진다고 여긴다. 그래서 가정이 와해되는 위기에도 아둔할 정도로 자신을 객관적으로 보지 못하는 것을 보면 답답하고 안타깝다.

가족을 위해 헌신한다고 여기는 남자의 의무적인 노동은 사랑의 행위가 보태질 때 비로소 빛을 발하게 된다. 사랑의 행위는 대화로부터 나오지 않는가. 아내가 옆자리에 앉아 텔레비전만 보고 있다면 이제는 말을 하고 싶지 않다는 것이고, 남편이 듣기 싫어한다고 여기기 때문일 것이다. 말을 꺼냈다가 상처를 받았던 경험들이 많고 이제는 마음을 접었을 수도 있다. 대화는 말을 들어주는 게 시작인데 우리 한국 남성들은 아내의 말을 잘 들어주지 않는다. '부부 사이인데 표현 안 해도 서로 아는 것인데 뭐 새삼스럽게'라는 것은 안이한 생각이고 착각이다. 말하지 않으면 모른다. 이심전심은 가끔 '필'이 통하는 우연한 사건이므로 매일의 생활에서는 이렇게 착각해선 안되겠다.

● 남자와 여자는 서로 다른 종족

무슨 말이냐고 하겠지만 남자와 여자는 생각하는 방식이 너무

나도 다르다는 것이다. 결혼 생활에서 부부 사이의 불화의 원인에 남녀의 차이가 중요하게 작용한다는 뜻이다. 예를 들어, 밖에서 많은 스트레스를 느낀 남편은 직장에서 돌아와 집에서 조용히 신문이나 스포츠 경기를 보면서 쉬고 싶어 할 것이다. 그래서 아내가 하는 말을 건성으로 대한다. 남편은 아내가 말이 너무 많다고 생각하고, 부인은 자신이 무시를 당하고 있다고 느낀다. 특히, 여자는 자신에 대한 남편의 사랑을 의심하게 된다.

두 사람이 이 문제를 해결하고 못 하고는 그들이 서로를 얼마나 사랑하느냐에 달려 있는 것이 아니라 얼마나 서로를 이해하느냐에 달려 있다. 『화성에서 온 남자, 금성에서 온 여자』의 저자 존 그레이는 이와 같은 남녀의 차이를 이야기하는데 가장 큰 차이 중 하나는 스트레스에 대응하는 방식이라고 언급한다. 남자는 힘들 때 자신의 동굴로 들어가고 여자는 이야기를 한다는 것이다.

남자의 경우는 말을 하지 않고 침잠하면서 혼자 해결책을 찾다가 신문을 읽거나 게임을 보거나 등산을 하는 등으로 힘든 상황에서 벗어나려고 한다. 그러다가 점차 마음의 긴장이 풀리면 동굴 밖으로 나오게 된다. 스스로 이러기 전까지는 옆에서 대화를 걸어도 건성이거나 정신의 5%만 기울일 수밖에 없다. 부인은 이를 모르니 '자신의 말에 귀를 기울이지 않는다' '바깥 일에만 신경을 쓰고 자신이나 집안일에는 관심도 없다' '자신은 남편에게 하잘것없는 존재인 것 같다'는 등의 하소연을 한다.

존 그레이는 남녀가 서로 다른 방식으로 접근하기에 갈등이 생긴다며 다음과 같이 설명한다. '남자는 아내가 너무 말이 많다고 생각하고 자신이 해결책을 찾기 위해 신경을 쓰는데도 불평을 하니 화가 난다. 그는 감정보다 논리 지향적이어서 가정의 문제를 해결하며 책임감이 강한 사람이라고 인정받고 싶어 한다. 하지만 모르고 있다. 부인이 이렇게 하소연하는 것은 남편이 그 문제를 해결해주기를 바라는 것보다 그냥 자신의 이야기를 들어주고 공감해주었으면 한다는 것을.'

공감을 주고받고 감정이 정화되면 자연히 문제의 핵심도 알게 되어 서로 상대를 이해하고 배려하는 마음이 커지게 될 것이다. '자기'와 '여보'에 대해서 실망스럽고 짜증이 나고 힘들더라도 조금만 더 참고 다른 종족의 언어와 사고방식을 이해하려 한다면 지혜롭게 결혼 생활을 할 수 있는 것이다. 하지만 이게 얼마나 힘든 일인지 좀 살아본 부부들은 실감하는 문제가 아닌가.

남녀의 차이를 생각해 보면서 부부 관계에서 꼭 살펴봐야 할 것으로 남성성과 여성성의 개념이 있다. 이는 분석심리학이라는 테마인데 조금 복잡한 듯하지만 흥미롭다. 부부 관계뿐 아니라 개인의 심성 안에 있는 근원적인 문제여서 자기를 이해하는 데 도움이 되기도 한다.

● 부부 사이에서 춤추는 두 명의 남성과 두 명의 여성

분석심리학에서는 남성과 여성의 의식적 태도의 차이점은 분명히 있다고 인정하면서 의식과는 다른 무의식 속에 있는 내적 인격을 중요시한다. 남성의 무의식에 있는 여성적 요소를 '아니마'라고 하고, 여성의 무의식에 있는 남성적 요소를 '아니무스'라고 한다. 즉, 능동적이며 힘과 권위, 합리적 사고, 사회와 국가에 큰 의미를 두는 남성의 의식적 태도의 무의식에는 반대의 여성적 요소인 수동적, 느낌과 직관, 가정과 개인에 무게를 두는 여성적 내면인 '아니마'가 있다는 뜻이다.

누가 보아도 마초 같은 상남자가 소심하고 감상적이며 신경질적인 모습을 보일 때가 있다. 그런가 하면 연약해 보이는 여성이 결정적인 순간에 대범한 결단을 내리며 선이 굵은 모습을 보이기도 한다. 남녀의 이중적인 모습이라고 생각할 수 있으나 사실은 우리 인간에 내재해 있는 원초적인 모습인 '원형(archetype)'인 것이다.

그래서 남녀 관계는 둘의 관계가 아니라 네 명 사이의 관계라고 할 수 있다. 남성과 그 안의 여성(아니마), 여성과 그 안의 남성(아니무스)의 4명이 사랑의 춤을 추기도 하고 양날의 칼로 상처를 주고받기도 한다. 대체로 너무 남성적인 사내의 단순과격한 태도가 분별력을 잃어 파국을 초래한다. 너무 여성적인 여인네의 심약성은 스스로를 가두기도 한다. 그러니 자신의 원형을 잘 가꾸어야 하는 데 바로 균형 잡힌 삶을 살게 해주는 보물이기 때문이다.

남성에게 아니마는 선녀처럼 이상적인 여성상이어서 지상에 없는 아름다움과 지혜를 가진다. 하지만 남성은 자신의 아니마와 현실에서 사귀는 여성을 구분해야 건강하고 성숙한 결혼 생활을 할 수 있다. 여성도 자신의 아니무스와 현실에서 같이하는 남성을 구분해야 하겠다. 자기 내면의 아니마와 아니무스를 이해하지 못할 때 현실의 파트너에게 자기 무의식을 투사하게 된다. 배우자의 현재 모습을 있는 그대로 받아들이는 것이 아니라 자기 안에 있는 아니마와 아니무스를 거울처럼 비추어 상대에게서 그 모습을 찾으려 하기 때문이다. 신혼의 달콤한 환상이 지나가고 생활의 고단함이 시작되면 콩깍지가 벗겨지면서 내가 투사했던 그 사랑의 실제 모습이 드러난다.

● 결혼이란? '선녀와 나무꾼'에서 보는 결혼

'당신만이 나의 존재 이유'에서 '어떻게 당신이 나에게 이럴 수 있어?'로 되어버리는 결혼이란 참으로 복잡하다. 우리는 결혼의 원형이 도대체 무엇일까 궁금하다. 이럴 경우 삶의 원형이 제시되어 있는 신화를 차용하는 것이 도움이 될 수 있다. 멀리 갈 것

마인드닥터의
가족행복처방전

없이 우리의 설화인 '선녀와 나무꾼' 이야기를 들여다보자.

나무꾼이 선녀에게 반해 프러포즈를 하는 것이 아니라 날개옷을 숨겨 하늘로 올라가지 못하게 한 것은 강압적인 의미가 있다. 사슴의 조언대로 날개옷을 주지 않고 같이 살자고 하는 것은 이제는 하늘로 날아가지 말고 내 옆에서 구속된 삶을 살아달라고한 것이다. 날지 못할 정도로 아이 네 명을 낳게 되면 이 땅 위에서 아내와 엄마로서 발붙이고 훨훨 나는 것을 포기하게 된다는 것이리라.

그러나 비상하지 못하도록 날개를 꺾었던 이 방법은 실패했다. 나무꾼은 지켜야 할 금기를 어겼기에 아내와 아이들을 놓쳐버리고 하늘을 향해 그리워하며 닭처럼 울게 되어버리는 슬픈 결말을 자초했다. 어떻게든 여성을 소유하려는 남성은 사랑의 원리, 즉 에로스가 거의 발달되지 않아서 원시 단계에 머물러 있는 상태라고 분석심리학의 대가인 칼 융(C.G. Jung)은 충고한다.

결혼에서의 여성성과 남성성을 재미있고 날카롭게 설명한 책 『선녀는 왜 나무꾼을 떠났을까』에서 저자 고혜경은 "이런 남자들은 나는 최선을 다해 가족을 돌보고 당신만을 사랑할 거야, 라고 소리치며 날개옷으로 상징되는 자유와 개성은 필요가 없다고 결정해버리며, 자기 없으면 못 사는 안사람으로 못을 박아버리는 것이다."라고 설명한다.

나무꾼이 하늘의 선녀를 사모하여 붙잡을 방법이 없어 땅 위의 내 여자로 만들기 위해 날개를 숨겼지만 선녀가 과연 몰라서 당한 것일까. 간절하게 구하면 하늘은 기회를 주어보는데 과연 그 절실했던 초심을 유지하며 잘 살아가는지 두고 보는 것이 아닐까. 그렇다면 선녀는 인간에게 다 내어주는 자연이기도 하고, 남성의 내면에 완벽한 여성상인 아니마를 상징하는 것일 수도 있다.

선녀와 나무꾼을 현실에서의 부부 관계의 관점에서 보자. 하늘로의 귀환을 포기하고 그대 옆에서 아이들을 낳아주고 사랑하리니 당신도 모든 것을 바쳐달라는 것이 아내가 된 선녀의 마음이었을 것이다. 그런데 선녀가 날개옷을 그리워했다는 것은 하늘이 그리운 것이고, 이는 이 남자와 땅에서 사는 현재의 삶이 행복하지 못하다는 것으로 볼 수밖에 없다. '이 남자가 변했어. 처음에 나를 갈구하던 그 애절한 모습은 간 데 없고 무심해졌어. 부귀영화를 바라지 않았고 자기 하나 보면서 나무 판 돈을 아껴가며 시어머니를 봉양해 왔는데 이제는 자기 것인 양 가정부 취급을 하다니 이건 아니야.'라는 마음이었을 것이다.

아내의 눈물에 찔끔하여 죄책감을 느끼고 날개옷을 내어주었지만 나무꾼 남편은 아이가 셋이나 있는 여편네가 설마 지금까지의 세월을 접고 집을 나가겠느냐는 안일한 마음이었을 것이다. 그런데 아내는 진짜로 지아비를 버리고 친정인 하늘로 되돌아가 버린다. 아내와 아이들이 없어져 보니 그 빈자리가 너무도 커서

이 불쌍한 남자는 계속 울 수밖에 없다. 잘못했다고 하지만 자신이 무엇을 잘못했는지도 모른다. 이 장면이 중요하다. 자신의 문제를 깨닫지 못하기에 다시 기회가 왔어도 어리석은 선택을 하는 것이리라.

두레박을 타고 하늘로 올라가서 그리운 가족들을 만났지만 이제는 두고 온 어머니 생각에 괴로워한다. 당연하다. 어찌 땅 위의 인간이 하늘에서 산다는 말인가. 아내의 마음을 움직여 같이 땅으로 내려와야 했는데 처갓집인 하늘의 안락함에 눈이 멀어 잠시 엄마를 보러 혼자 내려오고야 만다. 땅에서 깨달아 승천한 용의 몸에 깨닫지 못한 사람이 탄 것이다.

엄마가 마지막으로 내어준 그 죽은 생명의 죽이다. 아들을 키운 엄마의 젖이 이제는 말라버려 얼마 안 남은 노모의 생명을 짜내어 담은 것이리라. 근데 이 죽을 넙죽 받았고, 또 빨리 후루룩 먹고 올라가려는 생각에 엎질렀으니 용이 뭐 이런 인간이 있나 싶어 던져버린 것이 아닐까 상상해 본다.

닭처럼 슬피 목 놓아 울지만 나무꾼이 깨닫지 못하고 변하지 않는다면 이 이야기의 끝은 해피엔딩이 될 수가 없다. 더 안타까운 것은 옆에서 아들의 불행에 가슴이 새까맣게 타버린 늙은 어머니이다. 고부간의 갈등이 왜 없었겠는가. 시어머니이기도 한 우리의 어머니들은 근원적으로 아들을 놓지 못한다. 그러기에 남성들은 자식의 역할, 형제의 역할, 남편(가장)의 역할 사이에서 균형을 잘 맞춰야 하는 것이다. 부인의 입장에서는 남편이 시부모님께 효도하고 제 형제들을 챙기는 것은 괜찮고 보기에도 좋은 일이다. 다만 자신이 일군 가장의 역할에 일순위를 두기를 바라는 것이다. 결혼 10년, 20년이 넘어도 아직도 누구의 아들 역할에 최우선을 둔다면 선녀가 아니라 어떤 여성이라도 짐을 싸게 될 수도 있다.

진료실에서 부부간 갈등으로 오셨던 많은 분들 중에 지금도 이분은 잊히지 않는다.

● 지금이라도 헤어지고 싶어요

50대 중반의 부인(여성 A)이 만사가 귀찮고 의욕이 없으며 가슴이 답답하고 열이 확 달아오르는 증상으로 내원하였다. 흔히 홧병으로 일컬어지며 우리나라의 독특한 지역 문화 질환으로 국제질병사전에 화병(Hwa-Byung)으로 등록되어 있는 일종의 우울증으로서 여성들에게 많다(이 후 '화병'으로 표기). 어머니들의 애환이 가득한 사연들을 날 것으로 들어보자.

"1남 3녀, 4남매 중 독자인 남편에게로 시집와서 30여 년간 자식들을 없는 살림에서도 아등바등 남부럽지 않게 다 키워 시집, 장가 다 보냈어요. 그 숱한 세월 동안 내 가슴이 무너진 게 어디

한두 번인가요. 연애할 때는 몰랐는데 막상 결혼하고 같이 살아보니 이 사람(남성 A)의 원래 성격이 바로 드러나더군요. 주관이 뚜렷한 모습은 실제로 살아보니 아내를 소유로 여기고 자기 말만 듣도록 강요하는 독선적인 성격이었어요. 성실한 모습은 너무 꼼꼼하여 가족의 실수도 용서하지 않는 인색한 성격이었음을 결혼하고 얼마 안 되어서 깨달았지요."

"어머니밖에 모르는 잘난 효자 남편이 시어머니와 형제들 일이라면 발 벗고 나서는 건 좋아요. 그런데 명색이 외며느리인데도 나에게 상의 한 번 없이 해버리는 남편 때문에 나는 가정부, 유모밖에 안 되는 존재인 게 속상했어요. 타인들에게는 호인이고 잘해줘도 집에서는 나를 부인 취급도 안 하는 저 사람은 독선적이고 애정 표현이 전혀 없었지요."

"가족을 위해서 죽도록 일을 하며 먹여 살리는 데 고마워할 줄 모른다고 해요. 굳은 표정으로 항상 늦게 귀가하는 아버지를 아이들도 커갈수록 어려워했지요. 남편은 술을 마셔야 말문이 터지는데 그것도 평상시에 보아둔 것들을 지적하고 야단치며 자기 말만 하는 아버지를 보며 아이들은 어느 순간부터 입을 닫았지요."

"지나간 일들을 아이들 키운다고 울화병이 있어도 견뎌냈는데 지금은 도저히 안 되겠어요. 퇴직하고 집에 부부 둘이만 있는데 하루 종일 같이 있으니 하루하루가 지옥이에요. 부하 직원 부리듯이 지시하고 잔소리하고 외출도 간섭해요. 좀 밖으로 나가면

숨통이 트이겠는데 성격이 꽁하고 어울리지 않아 친구도 별로 없으니 집안에서 시어머니 역할만 하는군요. 남들에게 부끄러워도 이혼하려고 마음먹었어요."

가부장적인 가장들이 많은 우리나라 여성들의 결혼 생활은 자신의 정체성을 지키기 힘든 지친 생활의 연속이다. 사실 부인이 이런 남편을 택한 것은 건실하고 생활력이 강했기 때문이었다.

그 점이 다른 것을 못 보게 만들 정도로 중요했던 이유는 그녀의 성장 환경과 아버지 때문이다.

그녀의 남자들

그녀의 아버지(남성 B)는 마음이 여리고 거절을 못하는 사람 이었는데 빚보증을 서서 가산을 날린 후 돌아가실 때까지 제 식구들을 책임지지 못한 무능력한 사람이었다. 생계는 어머니(여성 B)의 몫이었고, 어머니는 외판원 일을 하였는데 하루하루가 먹고살기 위한 전쟁이었다. 그래서 살림을 돕고 동생을 돌보는 것은 그녀의 일이었다.

어머니는 원래는 활달하고 다정한 사람이었으나 생활 전선에서 점점 사나워졌고, 아이들에게 따뜻한 모성의 말 한마디 건네고 돌봐줄 여유가 없었다. 패배감과 무력감에 빠져 술에 의지하며 사나워지는 아버지를 보며 그녀의 이상형은 생활력이 있어 가족을 먹여 살릴 수 있는 남성이었다. 즉 사랑은 철없는 낭만이니 결혼에서 가장 중요한 기준이 아니었다.

그녀에게 구원자처럼 보였던 남편은 성실한 사람이었으나 너무 고집이 세고 원칙적이며 경직된 사람이었다. 무엇보다 감정 표현을 못 하는 과묵한 성격은 소통이 안 되는 원인이었다. 남편의 내면에는 쌓인 감정이 있었고, 가끔 이것이 폭발하듯 튀어나왔다. 바로 자신의 아버지로 인해 생기고 눌러온 분노였다.

남편의 아버지(남성 C)는 자수성가한 인물로 다혈질이고 독선적인 사람이었다. 산전수전 겪으면서 세상은 자신이 쓰러뜨리지 않으면 잡아먹히는 살벌한 곳이라고 전쟁하듯이 살아온 분이었다. 이런 아버지에게 아들의 소심하고 연약한 성향은 늘 불만이었고, 제대로 담금질하기 위해 항상 질책하고 무섭게 다그쳤다. 폭력이 동반된 학대에 가까운 스파르타식 훈육에서 아들(남성 A)은 아버지에 대한 두려움으로 시키는 대로 순종하며 자랐다. 하지만 열정이 없고 의무와 책임감만 있는 무미건조한 사람이 되고 말았다. 내면에 아버지가 감시하는 눈길이 만들어져 항상 정확하지 않으면 불안해지는 완벽주의자가 되면서 내면은 공허하고 즐거움이 없는 사람이 되었다.

아버지에 대한 분노는 감당할 수 없는 것이기에 마음 깊은 곳에 꼭꼭 숨기며 눌러왔다. 이 화를 참다 보니 타인들에게도 화를 내지 못하는 억눌린 사람이 되었다. 하지만 자신의 것이라고 생각하는 가정에서는 아버지처럼 독선적인 가장이다. 그래도 자신은 아버지와는 전혀 다른 성격이고 군림하지 않는 성실한 남자라고 생각하고 있었다.

부자 관계인 A, C와 같은 남자들은 자수성가한 60, 70대의 아버지로부터 지금의 386세대까지 이러한 성향의 분들이 많다. 오로지 성공과 일을 위해 성실하게 살아오며 한눈팔지 않고 직장과 가정을 위해서 헌신해왔다고 자부하는 남자들이다. 그래서 자신의 원칙과 틀이 분명하여 고집이 세다.

C는 그 틀을 타인들에게 따르라고 요구하며 외향적으로 생각과 감정을 너무 직설적으로 표현하는 정력적인 독재자이다. A는 그 틀이 안으로 숨겨져 있고 밖에서는 표현하지 않아 겸손하고 상대를 존중하는 것처럼 보인다. 그러나 실제로는 자신의 틀과 맞지 않아도 주장을 못할 뿐이지 존중하는 것은 아니다. 그래서 A의 내면에는 항상 분노가 숨겨져 있을 수 있고, 이것은 자신의 틀 안에 있는 사람들에게 향한다.

A와 C 같은 남성들은 가정을 이룰 때 그 틀을 파트너에게 강요하는데 A와 같은 내성적인 성격의 경우에는 자기 틀 안에 있는 것에 대한 소유욕이 특히 강하다. 아버지와 같은 권력자가 뺏어갈 수 없는 내 것들은 꼭 지키고 이것만은 자신의 뜻대로 하겠다며 마지노선을 긋는다. 이것이 강한 소유욕으로 표현되는데 부인

인 여성 A가 겪었던 바로 그러한 모습들이다.

부부 갈등의 원인 중 남성의 요인을 생각할 때 가장 심각한 문제가 가족을 소유하려는 마음의 습관이다. 소유라고 여기기에 집안의 법을 만들고 군림하는 모습으로 나타난다. 귀 기울여 가족들의 이야기를 들어보는 안테나도 작동하지 않는다. 지레짐작하는 대로 확신해버리고 자신의 생각과 감정을 부인과 아이들에게 잘 표현하지도 않는 것이다.

여성의 따돌림과 남성의 외로움

어울려 살아가는 집단사회에서 개인이 가장 무서워하는 것이 무엇일까? '왕따'라고 표현되는 무시무시한 현상, 따돌림인 것 같다. 소외를 당하게 되면 아무리 자신감 넘치던 사람도 말이 없어지고 주위의 두런거림과 자신을 쳐다보는 눈빛에도 예민해진다. '내 이야기를 하는 걸까? 나를 비웃는 걸까?' 하는 피해의식이 생기면서 사람이 이상해지는 것은 너무나 쉬운 일이다.

주부들이 소외감과 피해의식이 심해지면 우울증과 불안증에 이른다. 여성 A의 경우에는 시어머니, 시누이, 남편이 자기들끼리만 집안의 대소사를 의논하였다. 결정된 사항을 통보하는 남편의 태도에 내담자 A는 상처를 받아왔다. 남편뿐 아니라 시어머니와 시누이들에게도 무척 섭섭해했다. 형제들 일이라며 자신을 열외로 대하는 태도는 평소 딸과 가족처럼 대한다는 말과는 다른 이중적인 모습이기 때문이었다.

　그러면 남편인 남성 A는 행복할까? 직장에서 호인으로 통하는 남편은 동료들의 부탁을 거절하지 못한다. 한번은 빚보증을 서 큰 손해를 입은 적도 있다. 직장에서 불합리한 처우를 받아도 항의하는 동료들과 달리 묵묵히 순응한다.

　이런 남자가 집에 돌아오면 말 없이 텔레비전과 신문만 보지만 술을 한잔 걸치고 귀가하면 자신은 가장 운이 없는 사람, 억울하고 희생하는 사람이 되어 이 세상에 대한 불만을 쏟아낸다. '나는 이렇게 가정을 위하여 수모를 참아내고 고생을 하는데 마누라와 자식들은 이런 수고를 전혀 알아주지 않는다'며 가족들을 닦달하는 레퍼토리가 반복되었다.

　남성에게 여성성(아니마)이 부족하면 이처럼 결혼 생활에서 독선적인 가장으로 가족들과 소통을 하지 않는다. 어디 하나 쉴 곳이 없다고 여기는 남성 A는 사는 게 전쟁과 같아 재미가 없고 공허한 마음이 더해지며 술을 찾는 것이다. 나이가 들수록 노숙해지면서 삶을 깊이 들여다보는 혜안을 갖지 못한다. 그는 불안해지며 경직되고 부인과 자식이 피하는 불쌍한 신세가 되는 것이리라.

　현실에서 이분처럼 선녀를 상처 주고 놓치며 자신도 외로워지는 나무꾼이 정말 많은 것 같다. 그렇다면 건강한 남성과 여성은 어떤 모습일까? 바로 내면의 남성성과 여성성이 적절하게 잘 통합된 사람이라고 생각한다. 딱딱한 설명보다 은유적이고 재미있는 이야기로 비유해보자. 그러려면 다시 신화와 소설을 들여다보는 것이 좋겠다.

● 신화에서 나타난 남녀의 통과의례, 금기 그리고…

현실이든 이야기든 사랑과 결혼에는 많은 시련들이 찾아온다. 이 시련들을 이겨낸 사랑의 영웅들을 보자. '춘향전'의 이몽룡과 성춘향이 있고 '오디세이(Odyssey)'에서는 오디세우스와 페넬로프가 있다.

'춘향'은 신분의 차이를 극복하며 사랑을 성취한 아름답고 절절한 사랑의 대명사이다. 그 과정에서 사랑의 열정과 농후한 성적 매력을 발산하면서도 절개를 지키며 지혜와 차가운 이성, 용기를 보여준 대단한 여성이다. 페넬로페는 트로이전쟁의 귀향길에 신의 노여움을 사서 수십 년의 방황을 하는 영웅 오디세우스의 아내이다. 오디세우스가 죽은 것으로 소문나자 과거 오디세우스를 따르던 사람들이 음흉한 욕심으로 그의 재산과 자리를 노리고 페넬로프에게 구혼하며 협박을 일삼는다. 영웅의 아내 페넬로페는 수십 년이나 지속되는 위협과 유혹을 원숙한 여성의 지혜와 용기로서 물리치며 아내와 엄마의 자리를 지켜낸다.

이 두 여성의 중요한 공통점은 여성성과 내면의 남성성을 균형 있게 갖춘 것이다. 슬픔과 한을 가슴에 묻고 구원을 바라며 인내의 여성성으로는 '그대를' 기다릴 수는 있을 것이다. 그러나 변사또와 구혼자들 같은 늑대들을 물리친 것은 외유내강의 남성성이 발현되었기 때문이다. 두 여자 영웅의 이러한 모습들은 사랑과 결혼의 속성에 장치되어 있는 어두운 역경과 고난을 여성들이 극복하기 위해서는 남성성(Animus)이 꼭 필요한 것임을 알 수 있다.

춘향전의 이몽룡이 건강한 젊은이라는 것은 그가 춘향을 갈망하며 다가갈 때 신분과 처지에서 열악한 춘향이에게 사또 아들로서의 위압감으로 강제하지 않고 배려하였다는 것이다. 나무꾼의 태도와 비교가 된다. 나무꾼은 선녀를 소유하고 싶은 열정만으로 소원하다 사슴이라는 남성의 본능에 따라 선녀의 날개옷을 숨겼다. 사랑하는 사람을 구석으로 몰아 다른 선택을 할 수 없게 만든 권위적이고 비겁한 남성의 상징이다. 하지만 이몽룡은 엄정한 신분 차별이 있었던 시대에서 낮은 신분으로 자존심을 지키려는 여성에게 가능한 한 상처를 주지 않으려 했다. 부드러운 태도로 해학, 지혜, 인내, 겸손, 열정을 조절하여 로맨스를 펼치는 아름다운 남성의 상징이다.

오디세우스는 그 긴 고행의 여정 동안 부하들을 잃고 생사의 고비를 넘지만 지혜와 인덕을 잃지 않는다. 낙원의 섬에서 영생으로 유혹하는 여신 칼립소를 거부하며 고향에서 기다리고 있을 페넬로프를 향해 포세이돈이 지배하는 거친 바다를 향해 뛰어든다. 바다가 상징하는 자연의 고난과 죽을 수밖에 없는 인간의 운명으로 다시 뛰어드는 지혜와 결단의 영웅이다. 불굴의 투지와 생에 대한 열정으로 노력하여 꿈을 이루며 영웅의 반열에 오르는 이몽룡과 오디세우스이다. 이 과정에서 이들은 뭇 여성들의 마음을 사로잡는 남성성도 넘쳐나는 대단히 괜찮은 남자들이다.

두 이야기의 공통점은 죽음에 준하는 위기와 고통을 이겨내고 사랑과 결혼을 지켜낸다는 것이다. 두 이야기에서 많은 관문들은 완전한 자기실현을 위해서는 통과해야 하는 고난들을 상징하고 있다. 네 사람은 이 시험들을 통과하였는데 정말 대단한 것은 목숨을 걸었다는 것이다. 의미 없는 영원한 생명을 선택하지 않고 안락함과 타협하지 않으며 손쉬운 길을 버리니까 오히려 완전한 사랑을 얻었다.

나무꾼과 선녀, 오디세우스와 페넬로페, 이몽룡과 성춘향의 이야기는 사랑과 결혼의 가시밭길을 지나 사랑을 완성하는 삶의 전형의 스토리다. 이 지난한 행로에서 스스로의 영웅이 될지의 여부는 우리 내면의 여성성과 남성성을 균형 있게 발달시키는 것에 달려 있다고 이들이 말해주는 것 같다. 영웅이 별건가. 삶의 과정에서 시련을 회피하지 않고 받아들이며 지름길로 가지 않고 달콤한 즐거움 이면에 있는 고통을 인정하며 삶의 양면성을 보는 지혜를 가지는 자가 영웅이다. 더불어 중요한 것은 죽어도 거듭나는 것처럼 희생을 하면 오히려 목숨을 얻는 역설을 온몸으로 보여주는 자가 아닌가.

말하고 보니 보통 사람들은 너무나도 힘든 일이다. 목숨을 버리는 것은 힘들고 대신 자기를 버리는 것으로 타협해야겠다. 자기를 버린다는 것을 앞서의 신화와 전설에서 금기들을 지키는 것으로 해석해보자. 나무꾼은 선녀가 아이를 네 명 낳기 전에는 절대 날개옷을 주면 안 되는 것이었고, 두레박을 타고 하늘에 올라간 뒤 어머니가 그리워 잠시 용을 타고 땅에 내려올 때 발이 절대 땅에 닿으면 안 되는 것이었다. 유명한 금기 이야기인 오르페우스의 고난이 생각난다. 그리스 신화에서 오르페우스는 아내인 요정 에우뤼디케가 죽자 식음을 전폐하고 슬픔에 빠져 있다가 아내를 저승에서 데리고 오기로 결심한다. 오르페우스는 하데스의 나라 지옥에서 아름다운 선율로 하데스와 부인 페르세포네의 심금을 울려 아내와 떠나는 데 성공한다. 하지만 저승의 입구를 다 나올 때까지 뒤를 돌아보면 안 되는 금기를 어기고 말아 사랑과 영원히 헤어지고 만다.

여기에서 금기들은 인간이 되풀이하고 있는 습관과 속성을 벗어나라는 신들의 주문이 아닐까. 이 금기를 지켜 사람의 문제 속성을 버리면 소원을 이룰 수 있고 대대로 내려온 그 틀에서 벗어날 수 있다. 절대 뭐 하면 안 된다고 하는 금기를 우리의 주인공들은 욕심 때문에 또는 상대를 믿지 못해서 어겨버리고 만다. 사람의 반복되어 온 속성이란 아집, 의심, 집착, 분노, 이기적 사랑 등이 아닐까. 이것들을 버리는 것이 신화에서는 우리 삶의 완성에 필요한 통과의례라고 은유하고 있다.

우리들은 어떻게 자신 안에 있는 이런 패턴을 버릴 것인가. 사례의 경우처럼 우리는 부모의 기질을 물려받게 되고 부모가 만들어내는 환경에서 속성과 습관들을 형성해간다. 자신에게 상처가 되었던 부모의 문제를 되풀이하여 내 아내와 아이들에게 상처를 준다. 내 안에 깊숙이 각인되어 있어 알아도 멈추기가 힘든 습성이니 우리를 묶는 사슬인 것이다. 가족의 몇 대에 걸쳐서 반복되어온 이 사슬을 끊는 것이 우리 삶의 완성에 필요한 통과의례라고 보면 참 힘든 작업이 될 것 같다. 끊는 것의 출발은 자신의 문제 패턴을 알아서 이것이 어떻게 작용하여 상대와 갈등을 반복해왔는지 이해하는 것이다.

● 자기 식대로 이해하고 오해한 것이 문제의 출발

이제 이 사례의 끝 부분을 말해야겠다. 이혼까지 생각했던 내 담자는 마지막으로 그 남편과 같이 지푸라기라도 잡는 심정으로 내원했다. 자식들의 요구에 아버지도 할 수 없이 따라왔다. 대체 로 바깥양반들은 부인의 치료에 같이 오려고 하지 않는다. 아내 의 우울증에 자신이 범인 취급을 받지 않을까 하는 경계의 마음 일 것이다.

이 남성 A는 화장실에서 볼일을 다 보지 못하고 나온 것 같은 찝찝한 표정으로 부인을 따라 들어오더니 나와 가장 떨어진 저쪽 의자에 앉는다. 나는 이런 분들의 심리를 안다. 보증을 잘못 서서 가산을 날린 것도 아니고 바람을 피운 한량도 아닌 이런 남편은 자신이 떳떳하기 때문에 공격을 받는다고 느끼면 유순하던 모습 에서 화난 곰이 된다는 것을.

나는 남편에게 먼저 자신이 삶이 얼마나 힘들고 고난했는지 말 하게 함으로써 스스로 자신을 변호할 기회를 드린다. 그러고 나 서 두 사람이 자기 말만 되풀이하면서 소통이 되지 못했던 것에 초점을 맞춘다. 자신과 배우자의 성격 패턴이 다르기 때문에 이 해를 하지 못하고 오해를 했던 것임을 깨닫는 것이 필요하다. 서 로 자기 식대로 이해하고 오해한 것이 문제의 출발이었음을 깨닫 게 되는 것이 부부 갈등의 해소에서 아주 중요하다.

남자는 심리검사에서 짐작했던 대로 내향적사고와 감각판단형의 성격유형이며, 강박신경증을 의심할 수 있는 것으로 나왔다. 이런 분들은 생각의 틀이 너무나 견고하고 유연성이 부족하다. 그리고 감정 표현은 긍정이든 부정이든 잘 안 한다. 아니 잘 못 한다. 탤런트 중에 이런 성격의 역할로 드라마에 자주 나오시는 양반이 임채무 님이다. 유연성이 부족한 원칙주의자, 잘 참으며 표현이 없으니 그 속을 알 수 없는 사람으로 불린다. 이런 사람 옆에는 화병을 얻게 되는 부인이 있다.

하지만 스트레스를 안 받는다는 것은 거룩한 성인이 아니면 불가능한 것이다. 이 남자는 마음속의 분노를 표현하지 못하고 누르며 그 표정은 하회탈이다. 하지만 분노는 사라지지 않고 마음속에 고스란히 있다. 그래서 술이 많이 들어가 제어가 풀리면 만만한 가족들에게 이것이 튀어나와 『지킬과 하이드』의 하이드처럼 폭군이 되어 온 것이다.

이렇게 강해보이지만 나이 쉰이 넘어가면 후회와 번민이 생기는 분들이 있다. 이분도 그랬다. 나는 이분의 경직된 겉모습 안에 숨겨진 쓸쓸함을 공감해드리려고 노력했다. 이분과의 치료적 우호 관계를 맺는 데 중요하다고 느꼈기 때문이다. 그러면서 그분 속은 얼마나 아이처럼 여린지 느껴지면서 안쓰러운 마음도 들었다.

두 사람이 자신의 패턴으로 상대를 짐작하고 오해하며 마음 상하고 증오해왔던 것을 알게 되면 좀 달라진다. 알게 되었다고 바로 달라지는 것은 아니지만 자신의 부드러운 말 한마디로 곁의 여자가 얼마나 마음이 풀어지는지를 보게 된다. 상담이 끝나고 나갈 때 나를 보는 남자의 눈빛과 인상이 부드러워지고 호의적이 됨을 느꼈다. 파국을 막아주고 대화의 규칙을 정해주며 손잡게 했으니 보람이 있었다. 물론 상담비는 남편이 내도록 하였다.

이분들은 내담자인 아내의 우울증이 많이 호전되면서 이분의 장점인 지혜와 강단 있는 온유함으로 위기를 잘 이겨내었다. 물론 변하지 않을 것 같던 남편이 다소 부드러워지며 달라지기 시작한 것도 큰 요인이 되었다. 뻣뻣한 남자의 내면의 그늘에 있던 여성성은 드디어 기지개를 켜며 남자를 부드럽게 만들었다. 식구들이 자신의 변화를 좋아하여 이제는 피하지도 않는다며 더욱 좋아하는 모습이었다.

● 가족사 만들기, 둘의 문제만이 아니었다

우리의 주인공 여성 A가 배우자를 택하는 기준은 책임감이었다. 이 여성에게 남성의 가치는 정이 많고 마음 약한 자신의 아버지가 아니라 가족들을 거리로 내몰지 않고 부양하는 강인한 남성성이었다. 마음속에 이상형으로 있던 남성의 아니무스가 현재 남편의 건실한 모습에 투사가 너무 되어 실제 모습은 제대로 보지 못하고 말았던 것이다.

　남편인 남성 A가 내담자인 부인을 선택하게 된 심리도 궁금하다. 남성 A는 성장하면서 독선적인 아버지 옆에서 인내하고 가정을 꾸려가는 어머니를 동정하고 위하면서도 왜 저렇게 대들지도 못하고 억울하게 사시는지, 하는 원망의 마음도 들었다. 아들이 보는 어머니의 모습은 긍정적이든 부정적이든 아들에게 이상형으로 각인이 될 수 있다. 남자의 내면에 있는 여성성인 아니마가 순종하는 어머니의 영향을 받은 것은 자연스러운 심리적 현상이다. 남성 A는 여성 A의 조신하고 양순해 보이는 모습에 자신의 아니마가 투사되며 확 끌렸던 것이다. 이랬기에 살아가며 부인에게서 다른 모습들이 보일 때 받아들이지 못했다.

　예를 들어 자기주장이 강해지거나 보고하지 않고 외출하거나, 주부의 역할 이외에 모임의 수장을 맡으려 하거나, 시어머니와 자신에게 대드는 모습을 대하면 허용이 되지 않았던 것이다. 그 힘든 고난 속에서 자식들을 키운 어머니의 헌신적인 모습은 오랜 세월 동안 자신의 마음에 실제보다 더 대단한 이상형으로 자리 잡았기에 지금의 아내가 성에 차지 않았다. 그런데 남편은 아내를 대하는 태도가 자신이 미워했던 아버지가 엄마를 함부로 대하던 그 모습 그대로임을 깨닫지 못한다. 더욱이 가장(남성 C, 남성 A의 아버지)의 일인독재 하에서 서로의 등불이었던 모자 두 사람은 강한 애착, 공생 관계가 형성이 되었다. 며느리인 여성 A가 이 사이를 비집고 들어가는 것은 아주 어려운 것이었다.

여성 A는 우울증 치료를 받으며 분노가 줄어들고 비관적인 생각들도 줄었다. 이러면서 객관적인 성찰을 할 수 있어 두 사람이 하였던 선택들과 충돌하였던 이유들을 깨닫게 되었다. 두 사람의 생각하고 결정하는 성격유형을 알게 되어 부족하고 결핍된 성향을 조심하게 되었다. 심리유형검사인 MBTI에서 ISFJ(내향적/현실적/감정형/판단형) 유형인 이 여성은 현모양처 성격으로 잘 참고 표현을 안 하고 가정과 아이들이 최우선이다. ISTJ(내향적/현실적/사고형/판단형) 유형인 남자는 신중하고 정확하지만 표현을 하지 않고 경직된 태도의 자기 틀이 너무 강하다. 즉 둘 다 표현을 평소에 깨알같이 하는 연습이 숙제였다. 고집들이 세므로 입장을 서로 바꿔서 생각해보는 것도 주문하였다.

그리고 자신들의 가족사를 조사하며 분석하였다. 그럼으로써 부모들의 성격과 그들의 고통을 알게 되고, 어떻게 자신들의 성향이 만들어졌는지 이해하게 되었다. 이해하면 사과할 수 있게 되고 용서할 수 있게 된다. 이 작업은 두 사람에게 큰 도움이 되었다. 그래서 나의 고통이 어디에서 시작하였고 옆 사람의 상처가 왜 났는지를 이해하였다. 각자의 문제이지 누구의 잘못도 아닌 것들. 살기에 급급하여 깨닫지 못하고 이어 내려온 상처들. 상처를 받지 않으려고 방어를 너무 해온 것이 지나쳐서 자신의 문제가 된 것임을 알게 되었다. 부부의 갈등은 성격 차이이기에 어쩔 수 없다고들 한다. 그렇지 않다. 당연한 성격 차이를 극복하는 노력이 부족하거나 적절하지 못한 것이 문제일 것이다.

두 사람의 문제라고 보면 갈등의 원인 제공자가 눈앞의 저 원수이다. 그런데 가족사를 알다 보면 두 사람의 문제만이 아니었고 나타날 수밖에 없는 갈등이었음을 알게 된다. 큰 그림을 보게 되고 그 안에서 상대를 다시 보니 미움이 줄어든다. 아니 안쓰러워진다. 그래서 부드럽게 달라지니 파트너도 나에게 놀랄 정도로 잘해준다. 서로 방어에 급급했던 전투가 큰 그림을 보고 나서는 평화가 시작될 수 있다. 가족사 만들기는 가계도를 그려보는 것이 골격이 되는데 에밀리 말린이 쓴 『가족이해를 위한 가계도』를 참고하시기를 추천한다.

● 성격 차이를 존중하여 행복한 결혼 생활을 유지하는 방법들

이제 부부 관계의 문제를 정리해보자. 정말 부부 관계만큼 우리 삶의 행복과 고통을 극단적으로 보여주는 관계는 없다고 생각한다. 두 사람이 사랑하고 결혼하면서 갖게 되는 많은 관계들과, 살면서 같이 겪게 되는 연속된 사건들 속에서 많은 부부들이 힘들어하며 극복하지 못하고 갈라서게 된다. 평생을 같이하겠다던 서로의 약속을 저버리고 돌아서는 부부들이 갈수록 늘어나고 있어 심각한 사회적 문제라고 할 수 있다. 이처럼 부부 문제가 있을 때 괴로워서 상담하러 오는 분들은 대체로 여성분이다. 우울증에 빠져 있고 조금은 자신의 문제를 인정하지만 부부 갈등의 주원인을 남편으로 말하고 있다. 즉, 남자는 가해자이고 여자인 자신은 피해자이며 자신의 인생이 왜 이렇게 되어버렸는지 한탄한다. 사실 많은 경우 우리 사회의 현실에서(남성 위주, 가부장적) 여성은 약하고 상처를 더 입는 것이 맞을 것이다. 여성이 이혼을 원하지 않고 이를 헤쳐 나가려는 마음이 있을 때 치료자는 남성의 참가를 유도하며 부부 치료를 하게 된다. 부부간의 문제에서 공통적으로 보이는 현상들을 들어보겠다.

첫째, 상대 배우자의 입장에서 생각해보는 자세가 너무 부족하다. 서로 자신이 힘든 것만 말하면서 상대가 자신을 이해해주기 바란다. 만약 치료적 상황에서는 사이코드라마의 방법을 응용하여 역할 바꾸기를 해본다. 상대방의 입장과 고충을 이해하는 경험을 느끼기 위해서이다.

둘째, 자신이 배우자를 다 안다고 생각하고 있고 서로에게 불친절하다. 그리고 상대가 자신의 마음을 알고 있을 것이라고 미루어 짐작한다. 이심전심은 부부 관계에서 경계해야 할 태도이다. 계속 말하고 표현해야 한다. 남들에게는 자상한 남자가 집에 오면 무뚝뚝한 남편이 되는 것은 아주 흔히 듣는 이야기이다.

셋째, 서로를 이기려는 주도권 다툼이다. 특히 남성의 경우 이런 태도가 흔하다. 이러한 남편의 태도에 포기하며 순종하는 부인일 경우에는 가정이 일견 조용하겠으나 이 여성 개인의 생활은 불행해질 수 있다. 항상 의논하여 결정하고 갈등은 하루를 넘기지 않는 것이 좋겠다.

넷째, 부부는 둘이 살지만 1:1의 관계가 아니라 다:다의 관계들이지 않는가. 고아가 아닌 이상 우린 많은 관계들 속에서 만들어졌다. 저 사람은 나만의 것이 아니다. 나에게 보이는 모습과 상처를 주는 말이 저 사람 탓만은 아닐 수 있다. 두 사람의 과거의 기억들을 돌아보았을 때 어쩌면 자신이 기대하는 배우자의 모습이 나오기 힘든 성장 환경이었음을 알게 된다면 어떻게 할 것인가. 자신의 문제가 오래도록 각인된 습관 때문임을 깨닫게 된다면 많은 사람들이 바꾸려는 시도를 해 볼 것이다. 파트너가 나에게 듣고 싶어 하는 말은 무엇일까. 걸음마를 연습하는 것처럼 처음부터 다시 시작하는 것은 지금이라도 늦지 않다.

다섯째, 상대를 예측하자. '어쩌면 저럴 수가!'는 배우자를 제대로 파악하지 못했기에 나오는 비명이다. 사람의 유형은 심리검사를 해보면 일정한 패턴대로 분류할 수 있다. 대체로 그 패턴대로 생각하고 느끼며 행동하기 때문에 우린 파트너를 충분히 예측할 수가 있다. 이렇게 예측이 된다면 '그럴 줄 알았어. 그런데 말이야'라고 타협을 시작해볼 수가 있을 것이다.

여섯째, 부부간의 인지적 오류 교정하기. 흔히 범하기 쉬운 생각의 오류가 정말 많은데 이를 고쳐보는 것이다. 예들 들면 지레짐작하기 같은 경우로서 남편과 아내는 서로 자신이 상대방을 다 안다고 생각하여 상대의 의도를 나름 짐작하여 단정 짓는 오류를 범함으로써 불화의 시작이 된다. 이러한 오해와 오류는 거의 모든 부부들에서 볼 수 있고 전쟁의 원인이 되니 좀 더 자세히 살펴보자.

● 사랑만으로는 살 수 없다

부부 치료를 해보면 상대방을 표현할 때 '아내는 항상…', '남편은 절대…' 등으로 극단적으로 말하는 것을 볼 수 있다. 오랫동안 배우자와 소통이 잘 되지 않아 오해와 편견이 쌓이다 보면 이처럼 인식이 과대 일반화, 흑백논리로 무장되어 있게 된다. 이런 부정적 사고는 결혼 생활에 치명적이다.

인지행동치료의 거두인 아론(Aaron T. Beck) 박사는 저서인 『사랑만으로 살 수 없다』에서 부부간의 결혼 생활에서 얼마나 많은 생각의 오류와 편견이 두 사람 관계를 해치는지 훌륭하게 설명한다. 아론 박사는 부정적 사고가 반복되면 비슷한 상황에 자동으로 드는 생각인 '자동사고'를 갖게 된다고 하였다. 이 책에 나와 있는 사례를 보자. 아내가 직장에서 돌아와 상사로 인해 힘들었던 하루를 남편에게 하소연하기 위해 말을 꺼낸다.

아내   상사가 귀찮게 굴고 힘들게 해서 그만두고 싶어.

남편   그런 스트레스는 잊어버려야 하는데 당신은 항상 충동적으로 행동해서 탈이란 말이야. (이 여자가 직장을 그만둘 모양이구나. 돈 들어갈 곳은 많은데 가정은 염려하지 않는다고 생각하니 화가 난다.)

아내   당신이 내 일에 대해서 뭘 알아요? 내가 무엇 때문에 이 고생을 하는데…. (이 남자는 나를 위하지 않는구나. 내 편도 들어주지 않고 내 문제라고 결론 내리는구나, 생각하니 너무 속이 상한다.)

남편   이제 더 이상 듣고 싶지 않으니 그 생각은 그만해. (직장을 그만둘 생각을 다시는 못하게 해야지.)

아내   당신은 매사에 이런 식이야. 말한 내가 바보지. (나를 조금도 사랑하지 않는 게 틀림없어. 이렇게 배려하지 않는데 이제 끝장이야.)

이 부부의 대화에서 볼 수 있는 문제는 메시지를 잘못 해석하고 '자동사고'로 이어진 것이다. 아내는 위로를 받고 싶었는데 남편은 아내의 불평이 직장을 그만두는 행동으로 이어질 거라고 '자동사고'를 한 것이다. 남편은 평소 감정적이고 현실을 모른다고 걱정했던 아내에게 직언을 하고 비난을 한 것이다. 아내는 평소에도 배려해주지 않고 개인주의라고 여기던 남편의 야박한 말에 자신을 사랑하지 않아서 이런 것이라고 '자동사고'를 하고 이제 끝장이라는 극단적인 생각까지 한 것이다.

아론 박사는 어떤 상황에서 어떤 감정 반응을 하는 것은 그 사이에 '자동사고'가 이어지기 때문이라고 한다. 사례의 부부는 다른 일들도 있었기에 자동사고가 강화가 되었을 것이다. 이전에 아내가 남편의 책을 반납 기일이 지났다며 자신이 반납하고 왔다고 하였을 때 남편은 고맙기는커녕 오히려 화가 났다. 자신을 게으르다고 비웃으며 자신을 내세울 의도였을 거라고 지레짐작하였다. 어떤 날엔 남편이 일찍 귀가하였을 때 아내는 기뻐하지 않았다. 일전에 자신이 외출해서 늦게 돌아왔을 때 화를 냈던 남편이 이제는 자신을 감시하기 위해 일찍 온 것이라고 확신했기 때문이었다. 이처럼 '자동사고'들이 이어지며 부부는 서로 공격하고 방어하며 반격하는 악순환에 빠진다. 이러면 '내 아내는 항상…', '내 남편은 절대…'라고 군건히 단정해버려 불행한 경험을 쌓는다. 아론 박사는 행복한 결혼 생활을 위해서는 즐거운 경험을 많이 만드는 것보다 불행한 경험을 줄여야 한다고 강조한다.

그는 이러한 악순환에서 벗어나기 위해 '자동사고'를 부수려면 구체적인 질문을 하라고 주문한다. "당신, 정말 직장을 그만두려고 하는 거요?" "당신은 나를 믿지 않고 걱정하지 않기에 듣고 싶지 않다고 한 것이 아닌가요?"라고 서로 물어보았다면 아내와 남편의 진심을 알게 되었을 것이고, 최악의 상황으로 가지 않았을 것이라는 것이다. 이렇게 실천한다면 더불어 인지의 왜곡도 깨달을 수 있다. 항상 감정적이고 충동적이거나 조금도 사랑하지 않는다는 일반화와 흑백논리가 있었음을 알게 될 것이다. '나보다 이성적일 때도 많았어. 싸우지 않을 때는 사랑한다고 표현도 하고 했었지.'라는 합리적인 사고로 바뀌게 되니 분노의 불씨가 꺼지는 것이다.

우리나라도 맞벌이 부부가 점점 늘어나며 역할분담에 대한 갈등이 부부클리닉에서 자주 다뤄지고 있다. 두 사람 사이에서 배려인지 무시인지, 애정인지 무관심인지 가르는 것은 상대의 행동에 자신이 어떤 의미를 부여하느냐에 달려 있는 것 같다. 맞벌이를 하며 가사에 바쁜 아내는 남편이 물건을 치우지 않으면 '나를 하인으로 여기는구나.' 생각하고 힘든 나를 전혀 배려하지 않는다고 생각한다. 일을 시키면 민감하게 반응하는 것을 보고 확실하다며 결론을 짓는다. 남편은 아내가 항상 잔소리를 늘어놓는 것을 보고 잔소리를 즐긴다고 생각하며 자신을 아이 취급한다고 여기고 가장으로서 자존심이 상하는 것이다.

이런 '자동사고'도 조금만 자기 느낌을 솔직히 표현하고 확인하면 알 수 있다. 남편은 아내가 구체적으로 일을 부탁하면 얼마든지 해줄 용의가 있고, 오히려 뿌듯해하며 기분 좋게 여기고 아내를 하인으로 여긴 마음이 아니었음을 알게 될 것이다. 또한 아내는 자신이 해주었으면 하는 일을 남편이 알아서 안 하니까 잔소리를 한 것이지 잔소리를 정말 하기 싫어한다는 것을 알게 될 수 있다.

그렇기에 대화를 할 때는 상대의 채널에 맞추어서 듣는 연습을 하는 것이 중요하다. 아내는 남편이 경청해주기를 바라고 지지와 격려를 원하는데 분석과 해결책을 대뜸 제시하지는 말자는 것이다. 이 책 『사랑만으로는 살 수 없다』에서도 분노하고 분쟁이 시작되면 우선 반격하지 말고 피해자보다 조사자의 입장에서 전반적인 불만을 구체적인 불만으로 초점을 맞추는 것이 급선무라고 강조한다. 불평보다는 부드럽게 구체적인 요구를 하면 진정이 될 수 있다는 것이다.

예를 들어 '당신은 나에 대한 관심이 없다. 나에게 사려 깊지가 않다. 항상 나를 무시한다.'와 같은 일반화해버린 불평을 요구로 바꾸자는 것이다. '낮에 있었던 일을 물어보아 달라. 가끔 저녁에 산책을 가면서 대화를 하자. 아이들과 놀아 주세요. 사람을 초대할 때는 나와 먼저 의논을 해줘요.'와 같이 말이다.

또한 여성은 엄마로서 실패했고 좋은 부모가 되지 못할 것이라는 불안 때문에 아이들을 바르게 키우려고 과잉 반응을 할 수도 있다는 것이다. 옆에서 남편은 아이에게 너무 가혹하다고 비난을 하게 되고, 부부는 가장 중요하게 생각하는 양육이기에 양보하지 않고 끝없이 분쟁한다고 하였다. 어느 부모든 아이에게 너무 엄하거나 너무 관대한 문제로 대립할 때에는 이면에 감추어진 두려움을 살펴봐야 한다고 부탁하는 그의 말에 공감한다.

아론 박사가 이처럼 자상하게 설명하였듯이 부부 관계에서는 각자의 갈등에 대처하는 태도와 능력의 차이가 많은 오해와 편견을 만든다. 이는 시각 차이를 만들고 인지 왜곡과 상대에 대한 부정적 신념으로 굳어지며, 결국 성격 차이로 파국을 초래할 수도 있음을 수많은 사례들이 증명하고 있다. 사랑의 정열이 식으면 그것을 만들었던 서로 다름의 차이는 이제 매력이 아니다. 서로 다른 성격은 이제 계속 맞춰나가야 하는 숙제가 된다. 특히 부모님의 파국을 겪으며 온갖 불행한 경험을 한 아들딸들은 더욱 배우자에 대한 자신의 '자동사고'와 신념을 의심해보아야 함을 간곡히 부탁드린다.

● 그리고 노년의 고

'어느 60대 노부부의 이야기'라는 가요가 있다. '곱고 희던 그 손으로 / 넥타이를 매어주던 때 / 어렴풋이 생각나오 / 여보, 그때를 기억하오'로 시작하여 '여보, 안녕히 잘 가시게'로 끝나는 노랫말이다. 사별하는 노부부의 애잔한 모습이다. 처음 이 노래를 들었을 때 어찌나 가슴이 뭉클하던지…. 결국 두 번째 들었을 때 눈물을 쏟고 말았다. 이 나이에 아직도 영화나 노래를 들으며 울컥하는 내가 감수성이 비정상적으로 풍부한지 걱정 아닌 걱정을 했다. 그런데 가수 고 김광석 님도 버스를 타고 가다 라디오에서 흘러나온 이 노래를 들으며 눈물이 나왔다고 한다.

이 노래의 작곡, 작사자는 실력 있는 블루스 가수 김목경 님인데 영국 유학 당시 옆집 노부부를 보며 노래를 만들었다고 한다. 김광석 님은 이 노래에 마음을 뺏겨 '다시 부르기' 앨범에 이 노래를 실었다. 김목경 님도 말했지만 60대는 노부부라고 부르기에는 지금의 장수시대에는 젊어서 어색하다. 그래서 나는 노부부가 아니라 오래된 부부, 즉 고古부부라고 해본다.

나는 노부부가 손을 잡고 다정히 산책하는 모습을 보았을 때 참 곱게 늙어들 가시는구나, 하며 그 아름다운 광경을 본다. 부부가 넥타이를 매어주는 알콩달콩한 신혼의 그 시간에서 영감을(할범을) 먼저 보내야 하는 해로의 그 끝자락까지 얼마나 많은 사건들과 시련들을 같이해야 했는지 이 노래를 들으면서 그 영상들이 보이는 듯하다.

부부가 쭈그러진 손들을 서로 잡고 옛날이야기를 할 수 있다는 것은 두 사람 모두 보통 내공이 아니라고 본다. 백발이 되어가는 노년일수록 삶의 경험에서 진국처럼 우러나오는 기막힌 말씀들을 하신다. 실컷 화병으로 고생하다 이제 나아지니까 그런 무섭고 난폭한 남편의 마음에 어린 남자아이가 들어앉아 있는 것이 보이더라고 하던 어느 60대 후반의 고운 여성이 기억이 난다. 은발의 그 영감이 이제는 불쌍해지는 긍휼의 마음이 된다고 말하던 그 노부인은 아주 편안해 보였다.

할머니가 우울증과 불면증이 있어 항상 에스코트를 하며 같이 오시는 70대 할아버지가 있다. "울산의 고위 공무원으로 재직하다 은퇴할 때까지 할망구를 많이 힘들게 했지. 집에 와서도 내 부하 직원을 다루듯이 군림하며 부드럽게 잘해준 적이 없었어. 이제라도 내가 다 해줘야지, 저 화병은 내가 만들었으니까." 하고 말하는 이분의 얼굴도 평화로웠다.

이분들처럼 용서하고 반성하는 모습들이 그 어느 시기보다 노년의 부부에서 중요하다. 노년이 되면 여성은 갱년기에서 벗어나 원기가 왕성해진다. 남성의 노년은 은퇴 후 준비 안 된 노인으로서의 낭패감으로 의기소침하는 시기이다. 이렇게 관계가 역전되는 시기인데 남성이 여전히 아내를 지배하려 들고 배려하지 않는다면 황혼 이혼을 맞을 수도 있다. 수십 년을 살아와 뻔한 것 같은 내 앞의 파뿌리 그대와 적절한 거리를 두고 서로 존중하는 자세가 필요하다는 것은 행복한 노년을 보내는 부부를 보면 알 수 있다.

백년해로를 하시는 어르신들을 보면 공통된 모습이 있다. 서로를 존중하며 당신은 나의 소유라고 생각하지 않는 것이었다. 서로 배려하며 스스로의 욕심을 경계하기 위해서 부부 사이에 적당한 거리를 유지하는 모습은 이런 고수들이 우리에게 보여주는 지혜이다. 적당한 거리를 유지함은 매우 중요한 태도이며 미덕이다. 이러면 부부간의 문제들을 줄일 수 있지 않을까 생각한다. 서로의 마음이 너무 멀지 않아야 서로를 이해해 주고 상대의 불편과 고통을 알아챌 수 있을 것이다. 또한 너무 가깝지 않아야 상대를 함부로 하는 마음을 경계하고 서로를 존중할 수가 있을 것이다.

결혼 생활은 서로를 발전시켜 나가는 태도를 가질 때 행복해질 수 있다. 상대가 개인적인 발전을 이루고 영적인 성장을 이루도록 도와주는 것이 배우자의 현명한 사랑의 배려이다. 부부간의 결합은 서로가 분리된 개체로서 성장한다는 진리를 깨달음으로써 풍요로워진다는 것을 칼릴 지브란은 조용히 말해준다. 이 현자 시인은 우리에게 결혼에 관해 분리되어 있음의 지혜를 아름다운 시 '함께 있되 거리를 두어라'에서 표현하기도 하였다.

함께 있되 거리를 두어라.

그래서 하늘 바람이 너희 사이에서 춤추게 하라.

서로 사랑하라. 그러나 사랑으로 구속하지는 말라.

그보다 너희 혼과 혼의 두 언덕 사이에

출렁이는 바다를 놓아 두어라. (하략)

　노부부들의 이러한 성숙하고 지혜로운 모습을 배우면서도 이들의 고통과 외로움, 사별에 안쓰러워진다. 그 사연들에 감동하면서도 뭔가 서러운 느낌도 있다. 그렇다. 참으로 사람의 삶이 공통으로 갖는 설움의 길이 참으로 서럽다. 그래서 내 아버지와 어머니에게, 영국의 그 노부부에게, 나에게 오시는 그 70대 노부부에게, 오늘 길에서 보았던 그 쓸쓸한 뒷모습의 초라한 할아버지에게, 그리고 늙어갈 나와 내 아내에게, 아니 우리들 모두에게 연민의 정을 느낀다.

　그런데 손을 잡고 다정히 걸어가던 그 노부부의 얼굴은 평온했다. 그리고 노래에서 "여보 그때를 기억하오." 하던 영감님은 자기 손을 꼭 잡던 할멈이 '다시 못 올 먼 길'을 떠나는 것을 "안녕히 잘 가시게." 하며 보낸다. 다음 생에서 보게 될지 모르겠으나 '그동안 같이 살아줘서 고맙소. 내 뒤따라가리다.' 하는 마음일 것이다. 이러한 마음들에는 애잔함과 서러움을 이겨낸 그 무엇이 있다. 우리의 한恨에는 머리로 받아들이는 통찰이 아니라 희로애락의 감정을 다 풀며 그 숙명을 받아들이며 가슴으로 통찰하는 승화가 있다. 혼자 남은 생을 할 수 없이 살아가는 수동적인 삶 말고, 같이 있어도 나에게 맞춰주기를 바라는 어린 마음도 아니고, 사랑하는 사람과 찰나 같은 삶에 감사하고 승화하며 떠날 수 있는 노년이 된다면 좋겠다.

Chapter 2

부자 관계,
부자유친 – 신의 한 수

"표현하지 않으면 아이들은 모릅니다. 과연 이 아이는 엄한 아버지를 두려워하고 짓눌려 있으면서 아버지의 속마음은 자신을 사랑할 것이라고 믿을까요?"

문제 청소년을 상담하며 부자 관계에서 문제가 많음을 거의 대부분에서 볼 수 있었다. 부성은 모성 못지않게 인격 형성에 중요하다. 특히 사회생활에서 대인관계의 유연성과 친화력은 부자 관계에 달려 있다고 본다.

25년 전, 내가 대학을 다닐 때 크게 히트를 쳤던 드라마로 '사랑이 뭐길래'가 있었다. 소아과 의사인 대발이(최민수 분)가 부인(하희라 분)과 함께 아버지(이순재 분)와 어머니(김혜자 분)를 모시며 살아가는 소시민적인 내용의 드라마였다. 여기에서 대발이 아버지는 Chapter 1의 사례에서 본 남성 C처럼 카리스마가 넘치는 독불장군이다. 대발이는 이러한 아버지와 갈등하며 좌절하지만 부인의 도움으로 지혜롭게 소통하고 행복하게 살아나간다. 이 당시 우리 동네에서 내 별명이 '대발이'였다. 이웃집 아저씨가 지어준 별명인데 의대생인 아들과 대쪽 같은 아버지의 성격이 이 드라마의 상황과 아주 흡사했기 때문이었다.

나의 아버지는 이북의 함경도가 고향으로 6·25전쟁으로 피난하여 부산에 정착하셨다. 고향에 계신 아버지와 맏형, 누님과 헤어진 이산가족으로서 어머니를 모시고 동생 세 명과 더불어 살아가야 하는 열여덟 살 가장이었다. 차남이지만 장남으로서 가족을 부양하셨던 아버지는 당시의 애환들을 나에게 말씀해주셨는데 그중 잊지 못할 사연이 있다.

전쟁이 끝나고 입에 풀칠하기 어렵던 시절에 다행히 아버지는 서울에 좋은 직장이 생겨 올라가 열심히 일하고 있었다. 어느 날 집에서 보낸 급전을 받았는데 어머니가 위독하시니 빨리 내려오라는 내용이었다. 황망하고 아득한 심정으로 낙동강 철교를 지나면서 아버지는 기차에서 뛰어내리고 싶은 충동까지 들었다고 하신다. 그런데 막상 부산에 내려와 보니 어머니는 멀쩡하셨다. 사실은 맏이인 아버지를 너무 의지하여 보고 싶어 하시던 어머니가 아들이 첫 직장을 열심히 다니며 내려오지 않자 거짓말로 아들을 불러 내린 것이었다. 이런 홀어머니와 떨어져 지내지 못하기에 부산에서 생계를 이어나가야 했던 아버지는 군부대의 행정관 시험에 응시하였다. 학력이 부족하여 불가능한 도전이었으나 필요한 교재들을 무조건 다 외워서 합격하고야 말았다.

이런 아버지였기에 '정신일도하사불성'이란 마음으로 사셨고, 열심히 하면 이루지 못할 것이 없음을 훈육의 지표로 삼으셨다. 다정하였지만 표현은 많이 하지 않았고, 잘못한 일에 대해서는 엄하신 편이었다. '사공이 많으면 배가 산으로 간다'며 집안의 가장은 자신 하나이니 무조건 따르라며 권위적이었다. 대개의 내성적인 아버지가 그렇듯이 술을 드시면 그동안 말하지 못했던 것들을 쏟아내셨는데 자식들에게 살가운 정을 표현하시고 마음에 두었었던 문제를 훈육하기도 하셨다. 욕심이 없고 분명하지 못해 실수가 잦았던 나는 아버지로부터 눈물 쏙 빠지게 야단을 듣곤 했었다.

나는 이런 아버지가 무서웠다. 갈등이 있을 때 배우자인 어머니와 배려로서 소통하기보다는 독선적인 태도로 밀고 나가서 어머니에게 상처를 주는 아버지가 어린 내 눈에는 미웠었다. 만약 내가 아버지의 성격을 닮았다면 사춘기 시절에 반항하며 부딪쳤

겠지만 온유한 어머니의 성격을 닮았기에 대체로 순종했었다. 그런데 아버지께서는 형제간에 우애가 있고 사람들에게 덕망이 있었다. 일처리가 공명정대하고 완벽하다는 말을 자주 들을 정도로 능력이 뛰어난 분이었다.

나는 아버지의 이러한 사회적 모습을 존경했기에 성장하면서 아버지에 대한 두려움과 분노가 줄어들었다. 다만 평소에 과묵하신 아버지와 좀 더 대화를 자주 나누고 친했다면 좋았을 텐데 하는 아쉬움이 든다. 내가 결혼을 하고 아버지가 된 후에 두 사람 모두 내성적이어서 말이 없으니 술이 몇 순배 돌아야 예전 이야기를 하며 부자간에 훈훈한 대화가 좀 나오게 된다. 이제는 돌아가시고 안 계신 빈자리가 크게 느껴진다. 어려운 아버지였지만 내가 가까이 다가가는 노력을 더 하지 않았음이 후회가 된다.

이제는 내가 그 자리에서 아버지의 역할을 고민하고 있다. 아들에게서 듣는 나의 모습에도 권위의식이 있어 나를 어려워하고 있음을 알게 되었다. 나는 성장하며 저러지 않아야지 결심했음에도 이렇게 되는 것을 보며 정말 어려운 것이 아버지의 역할이라고 탄식하였다. 끊임없이 고쳐나가지 않으면 아들과의 소통이 끊어질 것이라는 위기감이 들었다. 나의 이러한 문제는 부자간의 문제로 고민하는 아버지들에게서 볼 수 있었다. 우리 시대의 부자 관계는 우리의 숙제인 것 같다.

● 아버지 세대의 고민, 자신의 틀을 내려놓아야

우리 시대의 부자 관계를 보면 세대 간의 갈등과 문제가 보인다. 선거 과정에서 들은 에피소드가 있다. 아들이 아버지께 전화를 드리며 이번 대선에서는 경제를 망친 여당은 안 되고 자신이 지지하는 야당 후보를 찍어달라고 간절히 부탁하더라는 것이다. 아버지는 그럴 수는 없다며 좌파가 득세하면 자신들이 이룬 이 나라의 민주주의가 산으로 간다며 오히려 아들을 회유하더라는 것이다. 정치에 대해 서로 다른 주장을 할 때는 더욱 세대 차이를 느낀다.

최근 세대 간의 소통에 대한 제안들과 노력들이 많이 나오는 것 같다. 이는 세대 간의 갈등이 현실에서 문제가 되고 있기 때문일 것이다. 아마 신세대는 어른들이 이해하기 힘든 생각과 행동들을 보이는 것도 한 측면일 것이다. 이는 신세대의 유행어, 돌출행동 등을 통해서 우선 드러나기도 한다. 얼마 전 공익광고를 보니 고등학생으로 보이는 청소년들이 자유롭게 대화를 하는데 욕설을 사용하지 말고 해보라고 했더니 제대로 대화가 이어지지 못하는 것이었다. 10대, 20대가 사용하는 은어나 비속어, 단축어 등의 언어에서도 이처럼 이질감이 느껴지는 문제가 현재 우리 세대의 숙제처럼 느껴진다.

나는 1980년대에 대학 생활을 한 중년의 나이이다. 같은 아버지 세대와 자식 세대 양쪽을 잘 이해하려는 노력을 해보려고 한다. 1980년대에 신구 세대 간의 갈등은 이념의 문제가 크게 작용했던 것 같다. 공부만 할 것 같은 의대에서도 독재 타도를 외치며 데모를 했었고, 이후에도 민주주의와 정의에 대한 이념이 개인의 가치관보다 더 우위에 있었던 것 같다.

그런데 지금의 젊은이들을 보면 그때와 달리 이념과 정치, 민족에 관심이 많지 않은 것 같다. 개인의 요구와 주장에 솔직하고 지구촌 시대답게 개방적이며 생각이 자유로운 모습들을 많이 본다. 21세기의 한국의 미래는 이들에게 달려 있는데 이처럼 글로벌적인 사고와 낙관성을 보면 희망적이기도 하다. 기성세대와 달리 우리 사회를 갈등과 분열의 구조가 아닌 통합의 길로 나아가게 해줄 우리의 소중한 자산인 젊은이들이다. 그러기에 우리 부모 세대의 고민은 깊을 수밖에 없다.

자식이 열세 살을 넘어가면 부모의 뜻대로 다 되지 않는다. 부모의 욕심보다는 소질을 발견하여 꿈을 꾸게 도와주고, 목표를 이룰 좋은 습관을 형성하도록 도와주는 것이 좋다. 오히려 하지 않아야 할 것은 피하는 것이 더 어렵지만 꼭 필요하다. 크는 아이들이 세상과 삶에 대하여 부정적이고 혐오스러운 마음을 갖지 않도록 하는 것이 중요하지 않을까 생각해본다.

아이들 앞에서 부모가 서로를 헐뜯으며 폭력을 사용하고 이혼을 하면 아이들은 결혼에 대하여 혐오감을 갖게 된다. 열심히 공부해서 좋은 대학을 나와 대기업에 취직하지 않으면 너는 패잔병이고 나락으로 떨어질 거라고 단언하면 아이는 삶이란 전쟁이라고 무서워하여 나아가기 전부터 좌절해 버릴 수도 있다. 술을 먹고 가족 앞에서 사람들에 대한 분노를 투사하며 가족을 닦달하면 아이들은 불신을 배우고 의심과 불안이 많은 사람이 된다. 이렇게 아이들에게 말과 행동과 분노를 조심하기란 무척 어려운 마음 수행의 과정이란 것을 부모들은 아실 것이다. 하지만 이렇게 해야 하는 것을 어떡하랴.

내 아이들, 젊은이들이 갈등할 때 공감하고 조언하며 같이 바꿔가야 하는 게 아버지이자 선배의 역할이다. 젊은이들과 대화할 때 눈높이를 맞추는 게 소통할 수 있는 방법이다. 그들의 입장에서 끈기 있게 들어주고 그들의 감성으로 공감하는 태도를 보여주지 않으면 노땅 취급을 받게 된다. 이렇게 소통하는 게 힘든 이유는 살아온 날이 살아갈 날보다 많은 사람들은 내면에 자기의 원칙과 법이 너무 강하기 때문이다. 그런데 이 틀에 어긋나고 맞지 않는 경우는 심기가 불편해진다. 이 틀을 보다 유연하게 만들기 위해서 많은 분들이 젊은이들과 대화하며 합리적이고 젊은 생각을 유지하기 위한 노력들을 하고 있다.

아버지 세대의 고민은 부모로서의 고민으로 접근해야 하지 않을까 생각한다. 오너이든 상사이든 오피니언 리더이든 누군가의 아버지이고 어머니이기 때문이다. 이러한 접근은 가족과 부모의 틀을 건강하고 유연하게 하여 우리 사회와 가족의 갈등을 해결해보려는 시도이다. 부모의 틀이 너무 경직되어 행여나 아이들을 옥죄일 수 있기에 부모 자신의 틀을 점검해보고 내려놓는 연습이 필요하다. 부모가 가진 각자의 틀은 그들 또한 성장 과정에서 부모로부터 큰 영향을 받으며 형성되었다.

● 아버지와 장남

부자 관계의 문제는 아버지와 장남의 관계에서 극명하게 드러나기도 한다. 아버지가 상처를 받으며 만들어진 틀이 아이에게 가혹하게 작용하였던 이 사례는 생생하게 기억난다. 고1 남학생 A가 교내 위센터의 권유로 부모와 함께 방문하였다. 아이는 평소 내성적인 성격으로 조용한 학생이었다. 그런데 평범하고 얌전하던 아이가 학교에서 크게 싸워 상대 아이에게 상처를 입힌 것이었다. 피해 아이 부모가 거세게 항의하여 큰 문제로 확대되면서 학교폭력위원회가 열렸다. 상대 아이는 반장이었는데 평소 A에게 간섭이 많았고 둘의 사이가 좋지 않았다. 피해 아이 어머니는 합의나 용서를 거부하고 처벌을 원하며 생활기록부에 빨간 줄을 긋겠다며 흥분하였다. 아이는 의외로 차분하며 죄책감을 별로 느끼지 않는 듯 보였다. A의 아버지는 화가 난 상태로 '평소 기대가 컸는데 이렇게 실망만 준다. 이게 무슨 망신이냐'는 태도였다.

질풍노도의 시기의 청소년들일수록 가족의 역사와 사연은 더욱 중요하다. 아버지 A가 평소 맏이인 아이에게 애정과 격려보다는 엄하기만 하였고, 폭력을 동반한 훈육이 계속되어 왔다. 차남과 막내인 딸에게는 관대하게 대하는 반대의 태도를 보여 왔다. 아이들의 엄마 A가 보기에도 확연한 태도의 차이로 여러 번 말했으나 바뀌지 않았다. 아내의 지적에도 아버지는 편애를 부인하며 만약 태도가 차이가 있었다면 이는 아이가 장남이니까 당연한 것이라고 했다.

"장남은 다릅니다. 강하게 키워야 하지요. 마음으로는 사랑하죠. 하지만 장남은 연약하게 키우면 안 됩니다."

"표현하지 않으면 아이들은 모릅니다. 과연 이 아이는 엄한 아버지를 두려워하고 짓눌려 있으면서 아버지의 속마음은 자신을 사랑할 것이라고 믿을까요?"

"저도 맏이여서 어릴 적부터 아버지의 엄한 훈육 하에서 자랐고 따뜻한 말 한마디 들은 기억이 없습니다. 맏이는 집안을 책임져야 하므로 이럴 수밖에 없습니다."

이분(아버지A)의 아버지도 장남인 이분에게 아주 엄했는데 문제는 다른 자녀들에게는 관대하였다는 것이다. 동생들이 보는 앞에서 예사로 장남에게 질타와 비난을 하였다. 장남에게는 책임만을 강조하고 권리나 격려는 없었는데 이는 장남에게 박탈감을 주었다. 아버지는 얼마 전 자식들에게 땅을 물려주면서 이분(아버지A)에게 '다른 형제들이 어려우니 장남은 양보하라'며 가장 적게 주었다. 이렇지만 장남인 아버지 A는 항의조차 못 하였고 옆에서 부인은 애만 바짝 탈 뿐이었다.

아이는 학기 초부터 자신을 무시하며 말을 함부로 하여 온 반장에게 계속 참아오다가 폭발한 것이었다. "병신이란 말에 참을 수 없었어요." 아이에게 그 말을 자주 한 사람은 아버지였다. 병신이라는 칼날 같은 말에 베어진 마음이 얌전하던 아이 마음속에서 분노를 만들어내고 있었다. 이런 아버지들은 책임감이 강해야 하는 남자아이가 사랑을 받으면 약해진다고 믿고 있다. 잘못된 생각이다. 믿음과 사랑을 받는다는 것은 아이에게 사랑받을 만한 자격이 있다는 자존감과 세상에 대한 자신감을 심어준다. 그렇지 못하면 위축되고 항상 눈치를 보는 사람이 된다.

그리고 기질에 따라 다르다. 맏이인 아이는 엄마를 닮아서 섬세하고 내성적이어서 아버지와 둘째와는 달리 상처를 잘 받는 성향이고, 사랑과 관심을 받은 만큼 앞으로 나아가는 아이이다. 어머니는 자신을 닮은 맏이에게 끌리고 안쓰러워서 아이를 보호하는 태도였기에 더욱 남편의 화를 돋우게 한 점도 있었다.

이 집안의 가족사를 알아보니 대대로 아버지가 장남을 천대하는 패턴이 되풀이되고 있었다. 부모들은 당신들이 말하는 대로 자식들이 행동하길 원하지만 자식들은 부모가 행동하는 대로 행동한다. 가족 체계 연구자인 에밀리 말린은 "가족의 역사는 반복이 되고 우리가 이러한 영향으로부터 벗어나려고 하는 모든 노력(반항. 독립)에도 불구하고 우리는 조상을 닮는 경향이 있다."고 하였다. 반복을 바꾸고 싶은 깨달음을 얻는다면 잘못된 선택을 하지 말고 빗어나는 노력을 하여야 한다는 것이다.

아들 A는 자신은 절대로 아버지처럼 되지 않을 것이라고 자신 있게 말했다. 나는 아버지의 아버지들로부터 내려오는 이 전통은 피하기 힘든 것이고, 절실히 노력하지 않으면 너도 닮기 싫은 아버지의 그 모습대로 될 것이라고 말해주었다. 만약 아버지처럼 될 게 틀림없다며 우울해하였다면 너의 아버지들은 이 패턴을 깨닫지 못했기에 벗어나지 못했지만 너는 이 문제의 심각성을 알고 노력할 것이기에 충분히 아버지와 다른 삶을 살 수 있을 것이라고 격려를 하였을 것이다.

● 아버지는 아들에게 삶의 전형

학교 폭력이 요즘 사회적 문제가 되고 있다. 학교 폭력의 원인을 말할 때 한창 에너지가 샘솟는 아이들을 교실에만 가두고 공부를 시켜야 하는 상황을 문제의 시작으로 본다. 이럴 때 순응하는 아이들도 있으나 학습이 지루하거나 힘든 아이들은 딴짓을 하며 버틴다. 이럴 때 약하게 보이는 친구들을 괴롭히는 것을 재미있는 놀이로 삼는 것 같다. 가해 아이들 중에는 가정에서 폭력에 노출되었던 경우가 많다고 한다. 가정폭력을 당한 아이들이 쉽게 가학적인 행동을 하는 것이다. 이 아이와 아버지가 생각난다.

중2 남학생인 B는 학교 폭력의 가해자로 병원에서의 진단과 치료를 위해서 부모와 함께 왔다. 학교폭력위원회에서 봉사와 치료 결정을 받았다. 아버지 B는 아이로 인해 학교로 불려가고 정신과에 온 것에 대해 화가 나 있는 모습이었다. 어머니 B는 아이 옆에서 아이를 변명하며 남편에 대한 불만이 많았다. 아이의 아버지는 다혈질이고 과격한 성격이었다. 자신의 뜻을 거스르면 참지 못하고 폭력을 행사하였다. 술이 들어가면 아내와 아이들을 학대하고 난폭하였다. 그러나 기분이 좋으면 관대해지는 단순한 성격이었다.

아이는 마음속에 분노가 가득하여 아버지의 말을 속으로 무시하며 흘러들어왔고, 커갈수록 노골적으로 반항을 하고 있었다. 어머니는 남편으로 인한 우울증 때문에 감정 기복이 커 보였다. 그래서 아이를 너무 감싸며 부드럽게 대하다가 기분이 좋지 않을 때에는 심한 말을 쏟아내며 아이를 다그치는 이중적인 모습을 보여 왔다.

아이는 자존감이 낮아졌고 화를 잘 내었으며 감정 기복이 커서 부모의 문제들을 다 가지고 있었다. 아들은 아버지를 닮아 충동적이고 과격하여 화가 나면 물불을 가리지 않았고 학교의 '짱'이었다. 학년이 올라가며 친구들을 사귈 때마다 조금이라도 자존심이나 기분이 상하는 경우 참지 못하고 엄청나게 분노했다. 실제 심리검사에서도 관대함을 나타내는 관용성의 지표가 아주 낮았다. 반사회성의 분노지수가 높았고 우울한 정서지수가 높았다. 강해보이는 모습이었으나 마음의 상처를 많이 받은 충격지수가 높았고, 자신감이 낮아 있었다.

당장 청소년 우울증 치료를 시작했고 어머니에 대한 우울증 치료도 병행했다. 부부 상담을 하며 우울증이 있는 부인에게 얼마나 상처를 주고 있는지를 설명하고 남편의 노력을 약속받았다. 부모로서 아이를 대하는 것에 대한 교육과 상담을 하였는데 특히 아버지의 역할을 강조하여 거듭 부탁드렸다. 자신을 닮은 이 아이가 더 크기 전에 용서해주고 화해하고 아버지를 미워하지 않도록 노력해야 한다고. 아이 혼자만의 변화는 오래가지 못하지만 부모의 변화로 인한 가정환경의 변화가 동반되면 아이는 정말 놀라울 정도로 달라진다. B도 학교에서 깜짝 놀랄 정도로 달라졌다. 가장 큰 변화는 친구들이 놀려도 피식 웃으며 넘어가는 관용적인 아이가 된 것이다.

문제 청소년을 상담하며 부자 관계에서 문제가 많음을 거의 대부분에서 볼 수 있었다. 아버지의 습관적 음주와 폭력, 어머니로부터 상처를 주는 말을 들으며 성장하는 아이들은 마음속에 분노가 쌓여 있다. 그래서 갈등이 있을 때 그 해결을 거칠게 한다. 자신이 받은 만큼 줄 수 있는 것이니 이런 아이들을 보면 폭력의 유전성을 보는 것 같아 안타깝고 착잡해진다. 부성은 모성 못지않게 인격 형성에 중요하다. 특히 사회생활에서 대인관계의 유연성과 친화력은 부자 관계에 달려 있다고 본다.

아버지는 가장으로서 자식들에게 존경이나 두려움의 대상이다. 이러한 역할은 아이가 사회를 바라보는 긍정적 시선이나 두려움의 태도를 갖게 한다. 아버지를 사랑하고 존경하며 닮아 가면 사회에서 긍정적인 사람이 되고 자신감을 갖는다. 친화력을 바탕으로 열심히 노력하면 아버지를 능가하는 성공을 거둘 수도 있다.

반대로 아버지를 미워하거나 두려워하여 자기 마음속에 있는 아버지의 속성과 불화하면 세상에 대한 두려움과 불안이 생긴다. 사회에 나가서도 세상은 투쟁해야 하는 곳으로 여기며 좌절을 할 때마다 마음속에 분노가 쌓여간다. 이러한 남자의 얼굴은 삶에 지쳐 있고 굳어 있어서 아버지가 되면 지나치게 엄하거나 화를 잘 내서 가족들과 소통을 못 하게 된다. 결국은 자신의 아이들에게 자신이 겪은 고통을 대물려 주게 되는 것이다. 어머니는 사랑과 공감의 그리운 이름이고, 아버지는 어떻게 살아야 하는가를 보여주는 삶의 전형이다.

● 신화, 오이디푸스 콤플렉스

부자 관계를 말할 때 빠질 수 없는 신화가 바로 그리스 신화의 오이디푸스 이야기이다.

테베의 왕 라이오스의 아들로 태어난 오이디푸스 왕자는 자라서 아버지를 죽이고 어머니와 결혼할 끔찍한 운명이라고 신탁을 받아 버려진다. 다른 나라 왕실로 입양되어 성장한 후 신탁을 또 듣고 이 예언을 피하기 위해 집을 떠나 유랑하던 중에 노상에서 시비가 붙어 싸움을 하다 살인을 하게 되는데 상대는 라이오스의 왕인 친아버지였다. 계속 유랑하던 오이디푸스는 테베에서 국민들을 괴롭히던 스핑크스의 수수께끼를 맞춰 격퇴하여 영웅이 되어 새 국왕이 된다. 관례대로 전왕의 부인인 자신의 어머니와 결혼하였다. 재앙이 끊이지 않아 듣게 된 예언자의 말은 그 원인이 인륜을 어긴 부정한 자 때문이라는 것이고 바로 오이디푸스임이 밝혀진다. 아폴론의 신탁이 이루어진 것이다. 충격으로 어머니는 자결하고 오이디푸스는 스스로 눈을 찔러 장님이 되며 절규한다. "친구들이여! 아폴론, 아폴론 바로 그분이시오. 내 이 쓰라리고 쓰라린 고통이 일어나도록 하신 분은. 그러나 이 두 눈은 다 른 사람이 아니라 가련한 내가 손수 찔렀소." 그는 지팡이를 짚고 테베를 떠나 방랑하다 죽음을 맞는다.

이 신화는 부자 관계에 내재한 근원적 갈등으로서 아버지와 아들이 엄마를 두고 경쟁하며 살부 의식을 상징하는 것이 되어 오이디푸스 콤플렉스의 모태가 되었다. 이 콤플렉스는 부자 관계의 속성 중 중요한 것으로 부자 관계의 갈등에서 아이가 아버지에 대한 두려움을 이겨내고 타협하여 건강하게 독립할 수 있도록 하는 성장 과정의 통과의례다. 만약 이 과정에서 문제가 생긴 부자 관계라면 아이는 아버지에 대한 두려움과 분노와 화해하지 못하고 성인이 되면 마음의 가시는 자신과 타인들을 찌르게 될 것이다.

'아버지와 장남' 사례에서 장남을 천대하는 아버지와 아들을 보호하며 남편과 갈등하는 어머니의 모습은 아이의 오이디푸스 콤플렉스를 더욱 강화시키는 작용을 하였다. '아버지는 아들에게 삶의 전형' 사례에서는 서로 닮은 부자가 적대적인 관계였고 이들 옆에 우울한 어머니가 있었다. 부부사이가 좋지 않거나 모자간의 애착이 강하면 오이디푸스 콤플렉스가 더욱 복잡해진다. 이두 사례에서도 아이들은 콤플렉스를 극복하기 힘든 상황이었으나 가족 모두의 노력과 아버지의 변화로 과제를 잘 마치게 되었다. 이로 인해 아버지의 건강한 측면을 동일시하게 될 것이고 사회적으로 성숙한 성인이 될 기반을 닦은 것이다.

오이디푸스 신화 이외에도 많은 영웅 신화들이 이러한 전형의 스토리를 갖고 있다. 영웅들은 아버지 없이 홀어머니 밑에서 성장하여 잘못된 사회구조 속에서 권력에 의해 핍박을 당한 후 자신에게 주어진 생의 과제를 완성하기 위하여 집을 떠나고 모험을 하게 된다. 그러다 조언자들의 도움으로 그 과제를 완수하고 새로운 존재로 재탄생하여 집으로 귀환한 후 그 권력과 잘못된 사회체제를 변혁하는 영웅이 되는 것이다.

이것을 우리의 삶의 전형으로 대치한다면 권력과 잘못된 사회체제에 의해서 핍박을 받는 것은 아버지와의 갈등을 상징한다. 집을 떠나고 모험을 하는 것은 심리적으로 독립하여 개성화, 개별화를 완수하여 성숙해야 함을 의미할 것이다. 사회를 변혁하는 것은 아버지와 구세대의 문제를 자신의 방식으로 개혁하는 것이다.

그리스 신화의 페르세우스 편은 끔찍한 신탁의 불행한 운명을 갖고 태어난 페르세우스가 모험을 떠나 메두사의 머리를 자르고 안드로메다 공주를 구한 후 귀환하여 왕국을 다스리며 공주와 잘 살았다는 이야기이다. 페르세우스가 비극으로 끝나는 다른 영웅들과 달리 해피엔딩으로 끝날 수 있었던 것은 오디세우스처럼 지혜와 용기로 나아간 것, 욕망에 휘둘리지 않고 자만에 빠지지 않았기 때문이다. 이렇게 페르세우스가 자기와의 싸움에서 이긴 것은 우리에게 큰 의미를 준다.

우리는 자신의 뜻과 상관없이 운명적으로 문제가 있는 아버지 또는 부모를 만나 자기 안에 삶의 원형적 틀이 심어져서 끝없이 돌을 밀고 올라가는 시시포스의 운명이 아닌가. 이 운명처럼 그 틀은 대를 이어 반복될 수 있기 때문에 페르세우스처럼 우리 안에 심어진 자만, 분노, 불신의 틀과 사슬을 우리 대에서 끊어야 한다고 신화는 은유한다.

자, 옛날이야기를 보았으니 이제는 현실로 돌아와서 우리들의 이야기를 들려드리고 싶다.

● 철없는 아버지와 산만한 아들

여성은 남편으로부터 상처를 받으며 결혼생활이 불우해지더라도 아이들에 대한 애정과 희망으로 가정을 깨지 않는다. 특히 아들이 삶의 등불이 되기도 한다. 이런 아들이 아버지와 너무 닮아 실망을 주면 큰 좌절을 겪어야 하지만 아들에 대한 기대를 포기할 수는 없다. 철이 없던 아버지와 산만했던 아들의 이야기가 생각난다.

부부인 40대 후반의 남성 C와 40대 중반의 여성 C가 아들의 문제로 내원하였다. 아이 C는 고2인데 자퇴를 원하고 있었다. 아버지는 서글서글한 모습에 큰 고민은 아니지만 아내가 하도 주장해서 와본 것이라고 대수롭지 않다는 태도였다. 어머니인 여성은 이런 남편의 태도가 마음에 안 드는 표정이었고, 아들의 문제를 차분하게 설명해나갔다.

두 사람은 결혼 생활을 하며 성격이 판이하게 달라 그 차이를 극복하려고 노력하였으나 남편의 외도로 결국 18년 만에 파경을 맞아 3년 전부터 별거를 하게 되었다고 한다. 남편은 건축 일을 하는데 외향적이고 사교적이며 모임이 잦아 늘 늦게 귀가하였다. 부인은 학교 교사로서 내성적이며 책임감이 강하고 자기 주관이 분명하였다. 부인은 남편이 너무 즐거움만 찾고 책임감이 부족한 철이 없는 남자라며 한심해하고, 남편은 아내가 너무 똑똑한 척하며 고집이 세고 재미가 없는 여성이라며 질색했다. 남편은 아내가 요구하는 진지한 대화를 피해왔고, 아이들 교육도 아내에게만 맡기고 밖으로 돌아다녔다.

아들은 어릴 적부터 아빠를 닮아 놀기를 좋아하였으나 머리가 좋은지 조금만 공부를 해도 성적이 좋았다. 중학교에 들어가서는 길어지는 수업과 어머니가 원하는 학원공부까지 하였지만 성적은 갈수록 추락하였다. 집중력이 떨어지는 아이에게 공부는 고역이었다. 공부가 싫다며 짜증내는 아이와 달래며 혼내기를 반복하는 어머니 사이에는 점점 갈등이 커지고 서로에게 상처 주는 일들이 많아졌다. 아이는 지적하는 선생님들과 공부 잘하는 아이들이 있는 학교가 마치 감옥같이 답답하고 힘들어 중3 때부터는 무단 조퇴와 결석까지 이어지고 친구들과 PC방에 다니며 게임에 빠지게 되었다.

남편과 별거하며 더욱 아이들의 교육에 매진해온 엄마는 공업계 고등학교에 가겠다는 아이의 생각을 대학을 포기하겠다는 철없는 것으로 치부하고 인문계 고등학교를 보냈다. 그러나 아이는 밤늦게까지 입시 학원 같은 학교를 지옥처럼 여기고 학습에는 더욱 무기력해지며 성적이 바닥이었다. 우울해지며 날카로워진 엄마로 인해 마음이 여린 사춘기 딸도 정서적으로 불안정해졌다.

너무 힘들어진 부인은 남편에게 도움을 청하였고, 남편도 아이들이 걱정되어 집으로 들어왔다. 아이의 성적과 그동안의 학교생활을 듣고 잘 타이르려고 하던 아버지는 자신에게 유순하지 않고 차갑고 공격적인 눈빛으로 변해버린 아들의 태도에 욱하고 폭발해버렸다. 그래서 "대학도 못 들어간 놈이 사회에 나가서 패잔병처럼 살아 갈 거니?" 하고 말해버렸다. 관계가 더 악화된 두 남자를 부인이 달래서 같이 내원한 것이었다.

진료실에서 아이는 상담에 순응적이어서 차분히 자신의 생각을 말하였다. 아이는 검사에서 우울증, 불안증이 있는 외향적 감각 판단형으로 아버지를 닮은 성격이었고, 주의력이 떨어지는 ADHD(주의력결핍 과잉행동증후군)로 나왔다. ADHD는 선천적으로 자신의 의지와 관계없이 집중하기 어렵고 산만해지는 소아 청소년 질환이다.

초등학교 시절에는 머리가 좋아서 이 상태로도 성적이 좋았겠으나 학습량이 늘어나는 중학교, 고등학교에 들어가서는 따라가기 힘든 것이 당연했다. 교실에 오래 앉아 있기도 힘든 아이가 학원 공부까지 해야 했으니 공부에 질리고 좌절했을 것이며 본인의 의지 부족으로 지적받으며 상처를 받아왔던 것이다.

"부모님이 자주 다투시는 것을 보고 들으며 우리 가족이 헤어지면 어쩌나 항상 불안했어요. 중1 때, 아버지가 우리들을 버리고 집을 나가시자 상처받고 화가 자꾸 나고 학교 가기가 싫어 엄마에게 짜증을 냈어요. 혼자 우시는 엄마를 자주 보고 제가 잘해드려야 된다고 다짐해도 하기 싫은 공부 때문에 엄마와 부딪치는 게 힘들었어요. 사실 얼마 전에 친구 아버님이 하시는 자동차 수리 일을 구경하다 같이 해보았는데 재미있고 제가 소질이 있는 것 같아 그 일을 하고 싶었지만 엄마가 반대하실 게 뻔해서 말도 못 꺼냈어요."

우선 아이가 주의력의 문제로 초래된 학습 부진으로 중·고등학교에 적응이 힘들어지면서 우울증까지 이어진 것임을 모두에게 이해시켜야 했다. 이것이 중요한 이유는 아이가 부모로부터 공감을 받고 위로와 격려를 받는 것이 치유의 출발점이기 때문이다.

이제 부부 사이와 부모와 아이들 사이의 관계 회복이 중요하다. 외향적이고 인생을 즐기는 태도의 남편과, 내성적이며 인생은 책임감으로 최선을 다해야 한다는 부인 사이에 대화와 타협이 꼭 필요했다. 부부가 성격이 다름이 오히려 당연한데 문제는 자기 스타일로 상대를 단정하며 실망하고 상처를 주고받는 것이다. 서로의 성향이 어떻게 다른지를 먼저 이해해 보도록 도와드렸다. 갈등이 있을 때는 상대의 어떤 행동 때문에 자신의 심정이 어떤지만 표현하고 상대방을 비난하지 않는 '나 대화법'을 사용하시도록 부탁했다.

엄마와 아이의 우울증을 치료하는 것이 급선무이다. 왜냐하면 우울하면 생각이 부정적이 되고 서로를 위해 조금씩 더 양보하며 기다려 주는 관대함을 기대할 수 없기 때문이다. 아이의 집중력은 치료를 통해 분명히 나아질 수 있다는 것을 말씀드렸다. 그리고 학교를 계속 다닐지 자퇴하고 자신이 원하는 길을 가게 할지는 서로 의논을 하고, 최종 진로는 동기유발과 책임감을 위해서 본인이 결정하도록 배려하시라고 부탁했다.

아이에게는 "어떤 길을 가든 그것에 몰입하는 것이 중요하므로 집중력 치료를 받으며 진로는 천천히 생각해보자. 그런데 집중력이 좋아지면 학교에 앉아 있는 것이 정말 쉬워지고 공부가 견딜 수 있을 것이니 조금만 더 해보자."고 동의를 이끌어내었다.

이제 가장 중요한 게 남아 있는데 바로 아버지와 아들 사이의 관계 회복이다. 이 가족의 성향을 보면 부자가 닮았고 모녀가 비슷하다. 그런데 아들이 힘들어하고 문제가 있을 경우 성향이 같은 아버지의 역할이 중요하다. 서로 비슷한 성격이니 잘 통할 수 있는 것은 맞지만 역설적으로 갈등이 있을 경우 비슷한 성격 간에 감정의 골이 더 깊어지기도 한다. 왜냐하면 부모는 자신의 콤플렉스가 자신의 아이에게서 보일 때 더욱 못 참고 지적하며 상처를 줄 수 있기 때문이다. 부부 관계, 아들과의 화해를 위해서도 아버지가 가장 중요한 키를 쥐게 되었다. 골이 깊어진 아들과의 관계를 아버지는 어떻게 회복시킬 수 있을까?

● 부자유친

가끔 젊은 여성들이 어떤 남자를 선택해야 후회하지 않을지 진지하게 물어본다. 멋져보여서 사귀었는데 이기적이고 의심덩어리임을 뒤늦게 알고 상처만 받았다고 한다. 그래서 착한 남자를 선택했는데 자기 주관이 부족한 마마보이였다. 자신을 끔찍이 잘 해주는 남자와 사귀어보았는데 만만해지니 자기 소유물로 여기고 간섭하고 옥죄이며 사랑하기 때문이라고 강변했다. 이제는 남자들을 도저히 알 수 없다고 한다.

나는 이럴 때 진부할지 모르지만 삼강오륜을 말해준다. 사회에 대하여 의義를 지키는 '군신유의', 대인관계에서 신의를 중요하게 여기는 '붕우유신', 어른을 공경하는 '장유유서', 사랑해도 서로의 소유가 아니므로 칼릴 지브란의 말처럼 서로 일정한 거리를 두고 서로를 성장시키며 나아가야 한다는 '부부유별', 그리고 아버지와 친하고 소통을 잘하는 '부자유친'. 이렇게 오륜을 기준으로 남성을 선택하라고 조언해준다.

이 중 특히 '부자유친'을 강조하여 아버지와 친한 남자는 파파보이가 아니라 꽤 괜찮은 남자일 수 있다고 자신 있게 강추한다. 풍부한 사랑을 심어주는 역할은 어머니이고, 아버지는 세상을 전달하는 역할이다. 이런 아버지와 친하게 되면 세상에 애정을 가지고 자신감을 가지나 우습게 보지 않는다. 아버지와 선의의 경쟁을 했으니 외강내유가 아니라 겸손하면서 심지 있는 외유내강의 남자일 것이다. 두려운 아버지와 친하여 남성다움을 배웠다는 것은 센 척하지만 자존감이 약하며 의심을 일삼는 남자가 아니라 관대하며 배포가 큰 남자일 것이다. 이런 남자를 택하면 후회하지 않을 것이라고 말해준다. 고전에서 부자지간의 지표를 제시하면서 순종順從도 아니고 존경尊敬도 아니고 친애親愛라니 정말 뜻밖이다. 하지만 부자 관계를 통찰한 금과옥조라는 것을 다시 깨닫게 된다.

아버지와 갈등으로 힘들어하는 젊은이들에게 쉽지 않겠지

마인드닥터의
가족행복처방전

만 아버지와 친애를 회복하는 노력을 부탁한다. 속죄, 화해의 atonement는 '아버지와의 화해'를 뜻하는 단어이다. at one ment 는 말 그대로 '일체화되기'와 '하나 되기'를 의미한다. 어머니와 의 화해를 뜻하는 단어가 있는지 모르겠다. 아버지와의 화해는 숙명처럼 거쳐야 할 관문이라고 할 수 있다. 하나 되기가 하나의 답이 있는 것이 아닐 것이기에 그 실현을 위한 노력들을 해나가 야 한다.

영화 '스타워즈'에서 루크 스카이워크는 동료에게 "나도 아버 지가 누군지 알았으면 좋겠다."고 말한다. 스타워즈는 SF 영화지 만 영웅 신화를 재료로 만들어졌는데 아버지 탐색에 대한 영화라 고도 할 수 있다. 그래서 영화를 만든 후 조지 루카스는 그가 경 도한 비교신화학자 조셉 캠벨을 초대하였다. 그에게 가장 먼저 보여준 것은 신화와 영웅을 학술의 세계에서 보통 사람들의 삶 속으로 가져와서 우리 삶이 신화이고 우리가 영웅임을 깨닫게 해 준 것에 대한 감사의 표시일 것이다.

소설가 댄 브라운도 한 인터뷰에서 『다빈치 코드』에 나오는 로 버트 랭든의 모델이 캠벨 이론에 나오는 영웅이라고 밝힌 적이 있다. 캠벨 이론의 정수는 "여러분의 지복至福을 따르라(Follow your bliss). 그러면 문門이 없던 곳에 새로운 문이 열리리라."이다.

내가 흠모하는 조셉 캠벨은 "신화에서 아버지 탐색은 중요한 주제를 이룬다"고 하며 나이가 되어 어머니를 떠나 아버지를 찾는다는 것은 우리의 개성과 운명을 찾는 것과 밀접한 관계가 있다고 하였다. 개성은 아버지에게서 물려받는데 이 신비로운 개성은 곧 우리의 운명이니까 아버지의 탐색으로 상징되는 이 운명의 탐색을 떠나는 것이라고 갈파했다.

하지만 오이디푸스가 마지막에 절규하는 내용을 보면서 빠져나갈 수 없는 우리 인간의 혹독한 운명에 답답해진다. 이 지혜롭고 용감한 인간 영웅이 아버지인 줄 모르고 한 정당방위에 패륜이라고 돌을 던질 수 있겠는가. 스핑크스가 낸 수수께끼의 답을 '인간'이라고 맞힌 오이디푸스는 자신의 처연한 인간적 운명을 암시한 것이 아닌가. 인간은 신(아폴론)이 정해버린 운명에 절규하는 방법 말고는 대항할 수가 없다. 하지만 오이디푸스는 스스로 눈을 찌르는 것으로 저항한다. 우리는 '시시포스의 돌' 같은 우리의 운명에 어떻게 저항하고 대처해야 하는가? 대를 이어 내려온 부모와 자식의 얽힌 갈등 말이다.

아버지와의 관계로 상징되는 자신의 운명 탐색, 아버지와의 화해. 사랑을 나누는 실천이 그 노력일 것이다. 루게릭병에 걸려 세상을 떠나면서 젊은이들에게 진정한 삶의 가치를 전해준 책,『모리와 함께한 화요일』의 고故 모리 슈워츠 교수가 남긴 말이 떠오른다. "사랑을 나누는 법과 사랑을 받아들이는 법을 배우는 것이 인생에서 가장 중요하다." 이것은 찰나 같은 삶에서 어떻게 살아가야 할지 저자가 온몸이 굳어가며 삶과 죽음 사이의 다리 위에서 자애롭게 우리들에게 당부하는 삶의 실천 강령이다.

'철없는 아버지와 산만한 아들'의 결과는 현재까지 해피엔딩이다. 아이는 치료를 받으면서 집중력이 좋아졌고 학교를 그만두지 않기로 결심하였는데, 공과대학에 진학하여 자동차를 만드는 꿈에 한 걸음 다가가고 있다. 부모들도 서로 자극하는 말과 행동을 조심하는 노력을 하여 사이가 원만해졌다. 아버지는 아이들과 등산을 하는 등 같이 시간을 보내며 관계 회복에 노력을 하고 있다. 사실 아버지인 남성 C는 자신의 성장 과정에서도 아버지의 외도와 부모의 이혼으로 아버지의 정을 제대로 받아보지 못했었다. 서투르지만 좋은 아버지가 되기 위해 애를 쓰고 있다.

아들과의 관계가 좋아진 아버지는 아마 아들에게 이런 마음을 가지고 있을지도 모르겠다. '이제 훌쩍 커버려 젊은이가 된 아들 너를 보면서 응원하련다. 아들아, 네가 힘들 때 언제든지 집에 들러다오. 잠시 쉬러 오면 가만히 안아주고 싶구나. 우리는 너를 믿으니 갈등이 있다면 마음을 열어 같이 의논해보자. 아주 가끔씩이라도 아비와 등산을 같이 가자고 한다면 난 얼마나 기쁜지 모른단다. 산길에 앞장선 네가 듬직하고 가쁜 숨을 몰아쉬며 눈을 맞추며 웃는 게 열 마디 말보다 좋구나. 이제 내가 더 늙어서 없어지면 이 자리를 네가 대신하고 그 앞에는 너의 자식이 앞장서는 모습이 그려져 흐뭇하구나.'

이런 것이 아버지의 마음인 것을 자식들도 일찍 알아서 서로 잘 소통되는 모습을 그려본다.

●아들, 젊은이들의 갈등

30대는 20대에서 준비한 것을 성취하며 더 큰 목표를 세워 도전하는 나이이다. 이 시기의 성취는 20대를 얼마나 치열하게 잘 준비를 했느냐에 달려 있다. 20대는 10대에 꾸었던 꿈을 이루기 위해 준비하는데 현실과 책의 스승들로부터 피와 살이 될 지식을 섭취하고 열정과 끈기를 배우게 되는 시기이다. 10대에는 자신의 소질을 알아내어 꿈을 키우며 평생의 자산이 될 좋은 인성과 습관을 형성하는 나이이다.

그런데 지금 우리나라는 이 중요한 10대의 나이에 대학 입시에 쫓기느라 자신의 소질과 꿈을 깨닫기는 참으로 요원한 현실이다. 부모로부터 독립해서 세상으로 나아가는 그 사람이 어떤 인성인지, 대인관계 스타일이 어떤지, 스트레스를 어떻게 처리하는지, 어느 방향으로 삶이라는 수레를 밀고 나갈지는 그 사람의 성장 과정과 부모를 보면 대충 짐작할 수 있다.

젊은이들이 상담을 원하는 문제들은 불안과 대인관계 갈등이 대부분이다. 부모에게 의존적일 수밖에 없는 10대, 20대 중반까지는 부모가 만드는 가정이라는 환경으로부터 절대적인 영향을 받게 된다. 그래서 젊은이들의 불안과 심리적 갈등에는 부모로부터 받은 정서적 유산과 DNA 유전자가 크게 작용한다.

남자의 경우에는 아버지와의 관계가 아주 중요함을 지금 말씀드리고 있다. 10대들에게서 학교 부적응의 문제로 불거져 나오는 문제들인 학교 폭력, 게임 중독, 대인 기피(극히 내성적 성격), 자살 시도를 보이는 아이들은 20대에서도 인격 장애, 조직에서의 부적응, 은둔자, 불안과 우울증에 쉽게 이환되는 모습을 보인다. 그런데 이런 젊은이들을 면담해보면 아버지와의 사이가 원만한 경우가 거의 없다는 것을 알게 되었다.

아이들은 아버지들의 모습이 권위적이고 과묵해서 다가가기가 어렵고, 술 마시고 가족들에게 폭력적으로 변하는 아버지와 갈라서는 부모들 사이에서 방황했던 것이다. 아이들은 이런 아픈 기억에서 끝나는 것이 아니라 마음속은 아버지로 인해 상처받고 분노하고 불안했고 무력했다. 문제는 오랫동안 만들어진 이런 응어리들이 평생 사람들과 소통하는 데 큰 영향을 끼친다는 것이다.

바로 대인관계의 '감정 다루기'에서 계속 문제가 되는 패턴을 반복하게 된다. 상대의 고통에 공감하지 못하거나, 갈등에 경직된 태도로서 화해를 하지 못하고, 지나치게 경계하여 자기방어에 급급하다. 또한 감정을 너무 억제하여 표현하지 못하거나, 사소한 일에도 분노와 적개심을 드러내는 모습들은 그 응어리들의 결과라고 볼 수도 있다. 마지막 문제는 권위에 대하여 지나치게 순응을 하거나 지나치게 적대감을 갖는 것이다.

이러한 젊은이들의 내적 갈등은 힘든 현실에서 성숙하게 잘 적응하지 못하게 하고 외적 갈등을 증폭시킬 수 있게 만들기에 걱정이다. 부자 관계는 남자들의 대인관계와 갈등 해결에 큰 영향을 미친다.

● 아들들아, 도대체 사람은 무엇일까

신화에서는 영웅이 완성하는 신성도 인간이 이뤄야 할 속성을 상징하는 것이기에 삶의 실타래를 풀려면 이렇게 살아야 한다고 말한다. 그렇게 되고 싶지만 정말 힘들어 이루기 요원하며 자신과 가족과 사람들에게 실망할 때 우리는 '도대체 사람이란 무엇인가' 하고 고민해야 한다.

우리 청년들이 부딪쳐가며 깨닫고 체득할 테지만 그 화두는 '사람'이다. 인간 정신의 스펙트럼은 넓다고 말하고 싶다. 유치하고 이기적인 마음에서부터 타인을 구하며 자신의 목숨을 내놓은 이타적인 마음까지 아주 넓다. 그러니 겉으로 보이는 것만을 믿지 않는 게 좋다.

그래서 사람의 무의식에 대한 이해가 필요한 것이다.

무의식은 인간의 본능을 포함하여 의식에서 억누르고 치워버린 모든 것들이 보관되어 있고, 언제 튀어나올지 모르는 정신의 창고이다. 예를 들어 Chapter 1 부부 관계 첫 번째 사례의 남성 A처럼 사람들에게 아주 친절하고 양보하여 화를 낼 줄 모르는 사람을 보자. 자신의 욕구를 희생하며 참아야 했던 감정의 잔재는 의식에서 감췄지만 무의식에 눌려 있다. 이 잔재는 자신이 경계할 필요가 없는 만만한 사람에게는 『지킬과 하이드』의 하이드처럼 표출이 되기도 한다.

그대들의 아버지 중에 사회에서는 법 없이도 살 사람이라거나 거절을 못 하는 착한 사람이라고 들어온 아버지들이 있을 것이다. 집에서는 어떤가? 과묵해서 애정 표현이 없거나 밖에서 보여온 그 배려가 가정에서는 인색하고 권위적이며 폭군의 모습을 보일 수도 있다.

말하고 싶은 것은 건강한 사람이란 힘들면 거절도 할 줄 알고, 정당한 자기주장을 하고, 감정을 너무 억압하지 말고 적절히 표현하라는 것이다. 권위에 대해서는 존중하지만 항복하지 말고 어떤 대상과도 소통할 수 있는 유연성을 가지라고 당부하고 싶다.

사람들을 만나 보면 그냥 싫은 사람이 있다. 정말 자신과 맞지 않다고 확신하는 앙숙, 같이 있으면 너무 불편하고 피해의식이 느껴지는 사람이 있다. **이런 경우 투사라는 내적 방어기제에 의해서 생겨난 게 아닌지 자신을 돌이켜보아야 한다.** 투사는 어떤 일의 원인을 다른 사람의 탓으로 여기는 것이다. 이러한 투사는 자신의 마음속 그림자에 있는 죄의식, 열등감, 공격성과 같은 감정을 타인에게 돌림으로써 부정할 수 있는 방어기제이다. 즉 나에게도 저 사람의 미운 속성이 있기에 이를 부정하고 싶은 나의 무의식은 더욱 저 사람의 문제라고 생각하게 되고 자꾸 미워지는 것이다.

이렇게 투사가 잦아지면 지레짐작하고 판단하므로 갈등이 잘 생긴다. 투사하는 자신의 생각을 믿지 말고 다가가서 허심탄회하게 대화하는 것이 꼭 필요하다. 솔직하게 마음을 털어놓는 겸손의 자세로 다가가면 얻는 선물이 '소통'이다.

무의식으로 인해 사람은 양면성이 있다고 했는데 사회도 양면성을 가지고 있다. **바로 평등과 차등이 같이 있을 수밖에 없는 것이 '냉정하면서도 더불어 사는 사회'이다.** 민주사회에서 사람은 모두 평등하므로 어떤 조건으로도 차별을 받아서는 안 된다. 하지만 기회균등의 차등은 역사 발전의 원동력이었다. 그러니 원하는 것은 뭐든지 이룰 수 있다는 열정은 그대들의 훌륭한 동기가 될 수 있다.

그러나 앞으로 사회적 불평등의 부조리를 겪게 될 그대들의

'아! 대한민국'은 실망을 주기도 하고 성취를 주기도 할 것이다. 이런 양면성을 겪으면서 사회도, 사람의 마음도 양면성이 있음을 저절로 깨닫게 될 수 있다. 이는 성숙하게 받아들여야 하는 명제이지 반사회적인 불만을 가지면 스스로만 힘들게 된다.

젊은이들이 사회에서 소통을 노력할 때 중요한 덕목 중 하나가 공감 능력일 것이다. 상담을 해보면 내성적인 젊은이들은 활달하게 사람들 앞에 잘 나서는 리더십이 있는 사람을 부러워한다. 하지만 그렇지 못하다고 해서 자책할 필요는 없다. 타고난 심리적 기질은 부모에게서 받은 DNA에 따라서 저마다 다름의 문제이지 우열의 문제가 아닌 것이다. 나에게 부족한 기질 때문에 상실감을 느끼면 자신의 장점을 제대로 보지 못하는 우를 범하게 된다.

내성적이고 수줍음이 많은 성격은 침착하고 남의 말을 잘 들어주는 강점이 있다. 나서지는 않지만 타인을 잘 배려하는 조용한 카리스마를 가지도록 노력하면 되는 것이다. 자신에게 부족한 논리성은 키우면 되고 스피치 능력은 노력하면 되는 것이다. 중요한 것은 겸손하게 상대를 내 옆에 앉히며 공감해주는 태도이다. 여기에서 EQ(감성지수)와 SQ(사회성지수)가 높아지게 되는 것이다.

마지막으로 그대들의 아버지를 이해하고 용서하며 존중해달라는 것이다. 아버지와 불편한 젊은이들이 많을 텐데 이는 사회에서 불편한 상사에게 투사되어 마음이 힘들 수 있다. 오이디푸스 콤플렉스는 부자간의 심리적 불편함을 만드는 본능이다. 하지만 아버지들이 조금만 더 아들들과 친밀과 유대감을 어릴 때부터 만들어줬다면 아들에게 주는 가장 큰 선물이 되었을 것이다. 그런데 그대들의 아버지도 그 아버지(그대의 조부)로부터 같은 문제를 물려받았을 것이기에 어쩔 수가 없다. 사람은 자신이 받은 것을 줄 수 있는 것이다.

아버지로부터 자신은 어려운 환경에서 극복했는데 너희들은 더 좋은 환경인데도 왜 한눈을 팔고 열심히 하지 않느냐고 수없이 들었을 것이다. 이런 말도 시대가 다르고 환경이 다름을 몰라서 하는 소리가 아니라 아들의 게으름을 질타하고 분발시킬 요령과 유연함이 부족한 때문임을 이해해주기를 부탁한다.

아버지는 수렵시대부터 내려온 가장의 의무와 책임감이 중요하고 너무 무거워서 굳어지고 경직되어버린 것이라고 이해해보자. 그 마음속에는 사랑하지만 표현을 못 하고 후회하고 안타까워하는 수많은 여린 감정들이 있음을 아버지와 이제라도 깊이 소통하면 느끼게 될 것이다.

아버지를 극복하고 화해하는 것은 아버지보다 더 큰 성공이 아니라 고개 숙인 늙은 남자를 같은 남자로서 이해하고 용서할 때 가능한 것이 아닐까 한다. 옛날부터 내려오며 반복된 패턴 중에 어두운 그늘이 있다면 그대가 그 사슬을 끊어야 한다. 아버지보다 더 좋은 아버지가 되도록 노력해달라.

● 아들과의 여행

조정래 님의 수필 '아들과 떠난 여행'은 "나는 자식이라곤 아들 하나밖에 없다."라는 문장으로 시작한다. 그래서 장딴지에 피멍이 들도록 매질까지 하며 더욱 엄하게 훈육하고 일부러 잔정을 표현하지 않았다.

고1이 된 아들은 말이 없고 항상 주눅 든 모습이 되어버렸으며, 엄마에게 아빠는 자기를 사랑하지 않고 아무 관심이 없다고 했다. 사랑하는 아들의 이 말을 들은 아버지는 삶의 일부가 실패했다는 암담한 마음으로 고민하다 부자간의 사흘간 여행을 결심한다. 잔소리를 예상한 아들의 심정과 달리 아버지는 일절 훈육을 하지 않았고, 공부 이야기도 하지 않았다. 다만 경치에 대한 이야기를 하고, 같이 영화를 보고, 우산 한 개를 같이 받쳐 걷고, 비바람 몰아치는 경포대 바다를 둘이 꼭 붙어서 바라보았다.

이 여행은 부자간에 잔잔한 변화를 가져와서 아들은 아버지가 글을 쓸 때 물을 가져오며 얼마나 쓰셨는지 관심을 보이기도 하였다. 작가가 『태백산맥』의 '작가의 말'에서 '아들 도현이…'라고 쓴 것은 자신의 잘못을 사과하며 사랑한다는 최고의 헌사가 아닌

가. 그리고 "모든 자식들의 문제는 부모의 잘못임을 나는 너무 늦게 깨달았다."라고 끝을 맺는다.

난 이 말에 공감하고 동의한다. 모든 게 부모의 잘못이라는 표현이 지나치다고 보는 분들도 있겠으나 많은 가족 문제를 상담해 본 나는 고개를 끄덕이게 되었다. 그리고 나 개인의 문제도 오버랩되어 더욱 가슴이 무거워지는 것을 느꼈다.

나에게는 대학 2학년인 아들과 고1인 딸아이가 있다. 아들과 친하지 않아서 고민이었다. 친하고 싶어 가까이 다가가지만 아들은 그만큼 물러났다. 마치 아버지가 또 어떤 충고나 잔소리를 할까 경계하는 태도 같았다. 사실 성장하는 아들의 모습을 보며 마음에 들지 않아 가끔 야단을 치곤 했다. 암된 성격인 아이는 사춘기가 되면서 더욱 내성적이고 소심하며 표현을 잘 하지 않았다. 활동적이지 않고 방 안에서 PC와 핸드폰에 몰두하는 모습이 거듭되면 타이르다가 화를 내곤 하였던 것이다. 아이는 점점 나를 피하면서 밤늦게까지 공부해야 하는 학업의 스트레스에 짓눌려 위축된 모습이 되어갔다.

내가 원하던 아들은 남자답게 활달하고 솔직하게 표현을 잘하며 아빠와 어깨동무를 하는 털털한 모습이었다. 이제는 현재의 아들의 기질과 성격을 받아들여야 한다고 생각했다. 있는 그대로의 아들의 지금에 애정을 가지며 우선 친해보려고 노력하였다. 잠깐씩 볼 수밖에 없었던 난 심각한 조언보다 '아빠는 너를 응원하며 사랑한다'고 토닥거려 주었다. 하고 싶은 진지한 이야기는 편지를 써 책상에 두었다.

아들의 열일곱 살 생일 때 선물로 지갑을 주었다. 그런데 아들이 그 안에 같이 넣어둔 메모지를 버리지 않고 책상 위에 붙여 놓고, 지갑을 아직까지 사용하는 것을 보면 마음이 흐뭇하다. 조금씩 더 밝아지고 아빠의 장난도 받아주는 모습을 보며 부자 사이가 개선되었음을 느끼나 아직 더 노력해야겠다고 생각한다.

Chapter 3

모녀 관계,
엄마의 말뚝

한참을 울던 B는 엄마가 우울증으로 자신을 묶어두며 아빠에 대한 방패막이로 삼는 것에서 벗어나서 자유롭게 가고 싶은 길을 가겠다고 이야기했다.

너희들을 위해서 참고 희생하며 살아왔다는 말을 하는 엄마가 아니라, 포기하지 않고 항상 열심히 살며 자식들을 의연히 독립시키고 끝까지 자신의 삶을 소중히 사는 모습을 보여 주는 것이 아름다운 엄마이다.

이제는 인식이 조금씩 달라지고 있지만 우리나라에서 딸로 태어나는 것은 축복받는 일이 아니었다. 첫째가 딸인데도 또 공주를 낳으면 어른들이 아예 산모와 아기를 보러 오지 않는 경우가 비일비재하였다. 이 땅에서 여성으로 수십 년을 살아온 아이의 할머니가 더욱 고추를 선호하는 것을 보게 된다. 그래서 그 손녀의 이름에 '희남'-다음에는 남아를 꼭 바란다는 희구의 마음을 담아-이라고까지 하였으니 참으로 이런 이름으로 살아가는 여성들의 삶은 고난하다.

여자로 태어나서 공주로 귀하게 양육되는지 아니면 천덕꾸러기로 키워지는지는 그 집안의 어른들과 부모님에 의해서 좌우된다. 그런데 자신들이 여자로서 오빠와 남동생에 비해 업신여김을 받았던 할머니나 어머니들이 더욱 아들을 선호한다는 것은 참으로 아이러니한 일이다. 이런 가정의 분위기에서 남자 형제들과 같이 살아가는 누나와 여동생들은 크든 작든 남자에 대한 열등감을 가지고 있을 것이다. 물론 이것이 건강한 방향으로 작용하여 극복하고 성취하는 여성들도 있다. 그러나 대체적으로 부정적으로 작용하여 많은 갈등을 겪는데 그 중심에는 모녀 관계가 있다.

"경대 속에 친정어머니가 산다"는 말이 있다. 거울을 보면 늙어가는 나의 모습이 점점 친정어머니와 똑같이 되어간다는 뜻이다. 엄마와 딸은 같은 여자의 일생을 살지만 애증, 사랑과 갈등의 관계이다. 엄마는 딸이 자신과는 달리 원하는 삶을 맘껏 살기를 바라지만 한편으로는 현실에 순응하여 퍼질러 살기를 바라는 이중적인 마음이다. '난 엄마처럼 살지는 않을 거야'라며 진절머리나게 사는 엄마에게 반항하지만 결국 딸은 엄마의 삶을 따라간다.

진료실에서 겪는 여성들의 삶의 애환은 현재진행형이지만 가족들과 깊이 연결되어 있음을 알 수 있다. 그래서 어떤 경우이든 그분의 가족사를 꼭 들어본다. 결혼하여 아이들이 있다면 현재 어떻게 대하고 있는지를 알아보는데, 특히 선호하며 더 끌리는 아이가 있는지, 까닭 없이 왠지 미운 자식이 있는지를 물어본다. 지금 딸아이와 충돌하며 갈등이 많다면 자신의 성장 과정에서 친정엄마와의 관계가 어떤 영향을 주었을 수 있다. 자신에게 상처를 주어왔던 엄마처럼 되지 않으리라 결심했다면 지금 엄마로서 자신의 모습은 어떤지 스스로 평가해보도록 청해본다.

딸의 인생은 엄마로부터 가장 큰 영향을 받는 것이라고 생각한다. 엄마와 딸의 연결이 애착과 사랑의 관계이든 미움과 불신의 관계이든 그녀들을 잇는 끈은 질기다. 내가 경험한 사례들을 보면 엄마가 딸에게 주는 부정적 영향과 상처들은 다른 형제자매들과 차별하는 것, 학대하거나 방관하는 것, 가족을 위해 헌신하고 희생하도록 유도하는 것, 자신의 말을 따르도록 인형처럼 조종하는 것, 죄책감을 가지도록 하는 것, 자신의 잘못에 대하여 사과하거나 화해하지 않는 것 등이 있었다.

● 엄마가 되풀이하는 차별

1992년도에 방영된 '아들과 딸'이라는 TV 드라마가 있었다. 당시 61%의 시청률을 기록한, 장안의 화제가 된 드라마였다. 이 드라마에는 이란성 쌍생아인 후남(김희애 분)과 귀남(최수종 분)을 중심으로 남아선호사상의 신봉자인 어머니(정혜선 분), 술이 들어가면 '홍도야~ 우지 마라~ 아, 글씨~'라는 신명나는 대사로 유행어를 만들어낸 아버지(백일섭 분), 첫째 딸, 막내딸 등 여섯 식구가 나온다.

후남은 이란성쌍둥이인 귀남보다 조금 더 먼저 태어났음에도 귀남의 앞길을 막지 말라는 의미에서 후남으로 작명한 것이다. 이렇게 '남자'의 '뒤'에서 살기 시작한 후남은 남아선호사상이 뿌리 깊은 집안에서 엄마의 차별을 받으며 구박덩어리로 자란다. 어머니는 아들 귀남이를 상전으로 모시며 아들을 법관으로 만들기 위한 꿈으로 살아간다. 어렵게 홀로 공부해 대학에 붙은 후남이가 "귀남이 앞길 막을 일 있느냐"는 어머니의 핀잔을 듣고 눈물을 쏟으며 고향 집을 떠나는 모습은 비슷한 차별을 받으며 성장한 여성들의 심금을 울렸다.

후남은 귀남을 위해 소설가의 꿈을 접어야 했고, 대학을 포기하고 취직을 한다. 하지만 어머니의 뜻에 따라 법대를 간 여린 마음의 착한 남자 귀남은 법관이 되지 못하고 평범한 회사원이 된다. 후남은 가정과 사회의 굴레 속에서 좌절하였지만 꿈을 포기하지 않고 결국 소설가가 된다. 소설가란 사연들을 창작하는 이야기꾼인데 후남의 마음속에는 실타래처럼 뽑아낼 수 있는 애환들이 많을 것이다. 드라마의 마지막은 콩쥐처럼 살아온 후남이 자신을 의붓딸처럼 천대한 어머니를 용서하고 화해하는 해피엔딩으로 끝난다.

1960~1970년대 사회가 배경이었지만 많은 이들이 공감한 것은 우리 가정들에 이러한 남아 선호가 있어온 것을 의미할 것이다. 이 드라마에서 엄마는 귀남에게 집착하는 만큼 후남에게 사랑을 주지 않는다. 대를 잇고 조상에게 밥 한 그릇이라도 제사를 올릴 이는 아들이라고 믿어서 그런 것일까.

어쩌면 이 어머니도 자신의 어머니로부터 차별의 상처를 받았을 수 있다. 아들 희구 심리 때문일 수 있지만 딸에게 가시 돋친 말을 내뱉는 것은 엄마의 마음 깊은 곳에 가시가 박혀 있기 때문일 수도 있다. 상처를 받은 사람이 가해자가 되어 약한 아이에게 가시를 박는 격이 된다.

이렇게 자신이 받은 차별을 되풀이하고 있음을 깨닫는 데는 너무 많은 시간이 걸린다. 엄마의 가시 박힌 상처가 수십 년 만에 아물었을 때 자신이 딸에게 모질게 했음을 깨닫고 후회하는 경우들을 본다. 이를 끊기 위해서는 어머니가 아들에게 더 끌리고 딸이 미워지는 마음의 흐름에 대해서 알아차리고 그 이유에 대해서 돌아보아야 한다.

귀남이처럼 아들도 남아선호사상의 피해자는 아닐까. 온실 속의 귀한 남자가 사회에 나가서는 성공하지 못하고 실의에 빠질 수 있다. '귀남이'들은 결혼해서도 아내에게 엄마의 역할을 바라며 의지한다. 온갖 정성으로 키운 아들이 실패만 거듭하는 사연들이 드물지 않다. 이럴 때 엄마에게 달려와서 힘이 되어주는 '우리 큰딸'이나 '우리 막내딸'이 있다.

진료실에서도 나이 드신 어머니 옆에는 며느리보다 딸이 있는 경우가 훨씬 더 많다. '천덕꾸러기로 키웠는데 지금은 나에게 제일 잘하는 게 이 딸'이라는 어머니들의 말을 자주 듣곤 한다. '콩쥐' 후남이는 '팥쥐 엄마'에게 돌아와 안아주며 갈등의 반복을 끊는다. 만약 후남이가 가시 박힌 상처를 이렇게 화해하며 녹이지 않았다면 그녀 또한 '팥쥐 엄마'가 될 수도 있다.

전래동화 『콩쥐팥쥐』에서 콩쥐 엄마와 팥쥐 엄마는 우리 엄마들의 서로 다른 두 모습이라고 볼 수도 있다. 팥쥐에게는 자신을 끼고도는 엄마가 최고의 엄마이지만 콩쥐에게는 박해하는 엄마이다. 콩쥐에게 친엄마가 돌아가신다는 것은 한없이 주기만 하던 따뜻한 모성의 엄마가 이제는 아니라는 은유이다. 팥쥐 엄마 같은 모성을 겪는 것은 콩쥐의 선택이 아니기에 우리 딸들의 비극은 시작된다.

모든 엄마들은 콩쥐에게 못되게 굴며 자식을 편애하는 속물근성의 현실주의자인 팥쥐 엄마가 되고 싶어 하진 않는다. 하지만 이런 모습이 자신에게 전혀 없을까. 콩쥐처럼 마음의 상처를 겪는 딸(아들)이 있다면 자신은 그 아이에게는 팥쥐 엄마인 것이 아닐까. 내 옆에 팥쥐처럼 더 신경이 가는 아이가 있다면 저편의 그늘 속에는 콩쥐가 울면서 밑 빠진 독에 물을 붓고 있을지도 모른다.

● 버림받을 수 있는 나

그녀(여성 A)가 조용히 진료실로 들어와서 자리에 앉는데 아름다운 외모지만 지치고 수척한 모습이었다. 그녀는 사연을 말하면서 곧 커다란 눈망울에 눈물이 가득 고였다. 폭식증이 심하여 너무 괴롭고 우울하여 왔다고 하는 그녀는 일견 보기에도 보통 이하로 마른 체구였다. 폭식증은 짧은 시간 안에 엄청난 양의 음식을 먹고(거의 집어 넣는 수준) 살이 찔까 두려워 구토하는 식이장애이다.

20대 후반의 이 우울한 여성은 최근 몇 년 동안 혼자 외로울 때 폭식하고 구토하며 살이 쪄 흉해보이지 않을까 전전긍긍해왔다. 뚱뚱해진다면 사람들은 자신을 비웃고 싫어하게 될 것이라고 믿어왔다. 직업은 영화감독이자 시나리오 작가인데 내성적인 성격에 마음이 여려 보인다. 여러 가지로 보아 질투를 받을 정도로 빼어난 이 여성이 콤플렉스 덩어리로 가득 차 있다. 버림을 받을까 쩔쩔 매는 낮은 자존감의 가녀린 모습이 안쓰러웠다. 당신은 충분히 관심과 사랑을 받을 자격이 있다고 아무리 설득하여도 자신의 마음과 몸에 대한 왜곡된 믿음은 흔들리지 않을 것임을 알기에 서두르지 않았다.

그녀는 1남 1녀의 둘째로 자라면서 부모님으로부터 따뜻한 관심과 사랑을 받아본 기억이 없었다. 아버지는 항상 바빠서 가족의 밖에 있었고, 전업주부인 어머니의 시선은 항상 오빠에게 가 있었다. 성적이 뛰어날 뿐만 아니라 예쁘고 순종적이며 친구들과도 원만했던 그녀는 학교에서 늘 돋보였고 상장도 자주 받아왔다.

이렇게 열심히 했지만 돌아오는 것은 부모님의 칭찬이 아니라 오빠의 시기와 학대였다. 오빠의 욕설과 폭력은 아주 어릴 때부터 시작되었고, 커갈수록 그 정도는 더 심해져갔다. 엄마에게 하소연해도 자신을 진정으로 걱정하거나 오빠를 크게 나무라는 것을 본 적이 없기에 일찍부터 포기했다.

중학교 때 오빠가 동원한 오빠의 친구들로부터 폭행과 성추행을 당한 이후로 하루라도 빨리 집에서 도망치고 싶었다. 그러기 위해서 공부를 더 열심히 하였는데, 좋은 성적임에도 엄마가 집 근처의 대학을 결정할 때는 절망의 심정이었다. 담임선생님의 항의와 삼촌의 도움으로 집을 떠나 서울의 대학을 다니게 된 것은 가장 기쁜 일이 되었다. 남들이 부러워하는 대학이지만 엄마는 사람들에게 자랑하지 않았고, 가끔 집에 내려가면 엄마와 오빠의 시선은 차가웠다.

"많은 사람들과 부대껴야 하는 직업이라 최선을 다해 사람들을 대하고, 행여 갈등이 생길 것 같으면 가능한 제가 양보해야 마음이 편해요. 서로 오래 알게 되어도 전 더 가깝게 친밀해지는 게 어려워요. 저를 많이 알게 되면 분명히 실망할 것이니까요. 가까이 오면 한발 물러나게 되니 차가운 사람이라는 말도 들어요. 이러면서 제 마음은 항상 허전해서 폭식으로 채우고 또 자책해요."

학대를 받았던 사람들은 자신에게 못난 점이 있어 사랑을 받지 못하였다고 믿는다. 감히 엄마와 오빠에게 저항하지 못했기에 그 사건들의 원인이 만만하고 약한 자신에게 있을 것이라고 합리화하여 그 분노들은 고스란히 자신에게 향한다. 학대의 심각한 문제는 그 끔찍한 일들이 지나가 성인이 되어도 이처럼 스스로 자신을 학대하고, 자신은 사랑받을 자격이 없고 언제든 버림받을 수 있다고 불안해하는 것이다.

감성이 풍부한 이 여성은 영화를 만드는 길을 가게 되었고, 이 분야에서 장래가 유망한 신인으로 인정받고 있다. 깊은 상처가 많기에 아픈 이들의 마음을 공감하며 깊은 샘에서 창작의 물을 길어 올릴 수 있을 것이다.

점점 나아지던 이분은 어느 날 갑자기 방문하여 불안해하였다. 부산에서 국제영화제가 열리는데 자신의 작품도 상영이 결정이 되었다고 한다. 이렇게 기쁨이 벅찬 일 때문에 불안한 것이 아니라 전날 있는 만찬 모임 때문이었다. "저에게 중요한 분들과의 파티라서 좋은 모습을 보여주고 싶어요. 하지만 음식에 대한 절제를 잃어버리고 폭식을 하지 않을까 하는 두려움에 미칠 것같이 불안해요. 여기에 집착하여 머리가 하얗게 되면 제대로 대화도 하지 못할 것이 틀림없어요."

이제는 많이 호전되어 일상에서는 폭식이 거의 없어졌고 대인관계에서도 자신감이 나아졌지만 중요한 파티를 접하자 불안이 밀려온 것이다. 피하지 말고 부딪쳐야 하기에 꼭 참석을 하라고 격려했지만 약물만으로 이 불안을 다스리기 힘들 것 같았다. 그래서 급히 최면 치료를 하였다. 감수성이 풍부한 분이라 최면 유도가 잘되었고, 치료 후 깨어나는 데 많은 시간이 걸릴 정도로 아주 깊은 트랜스 상태에 들어갔다.

트랜스 상태에서는 치료자가 암시를 통하여 피험자의 자아, 즉 폭식 조절력을 강화시킬 수 있다. 파티장의 다양한 장면들과 뷔페를 연상하도록 하고 자신은 그 상황들을 편안히 즐길 수 있을 것이라고 암시를 주었다. 나는 그녀에게 "폭식은 마음이 허전하여 오는 가짜 식욕이다. 당신은 지금 그렇게 바라던 순간을 성취하였고, 이제 충만한 마음으로 즐기고 음식 따위에게 흔들리지 않을 것이다."라고 하였다. 또한 타인들의 시선을 차단해주는 투명 막을 몸에 만드는 심상화작업을 하였다. 이 막은 사람들을 너무 의식하지 않게 해주어 대인공포증을 없애주고 음식에 혹하여 폭식을 하지 않도록 해주어 당신이 이 파티를 느긋하게 즐길 수 있게 될 것이라고 암시를 하였다.

이분은 두려워하던 그곳에서 우리가 짜 놓은 연출대로 아주 잘 수행하였고, 이후 자신감을 크게 얻게 되었다. "이제는 사람들이 나에게 실망하지 않을까 집착하지 않아요. 그건 그 사람의 문제일 수도 있기에 갈등이 있을 때마다 모두 나의 탓이라고 생각하지 않기로 했어요. 사람을 대하면서 자신감이 있게 되니까 친해지는 게 긴장되지 않아요. 제가 밝아지고 다정해졌다고 해요. 이제는 잘 먹으며 체중에 많이 집착하지 않지만 과식은 조심해요. 결혼도 안 했는데 너무 뚱뚱해지면 안 된답니다."(웃음).

폭식증으로 고민하는 여성들이 의외로 아주 많다. 다이어트 약은 일시적인 효과이고 요요현상으로 더 힘들어질 뿐 해결책이 아니다. 거식증은 가끔 피골이 상접하고 사망에 이르렀던 충격적인 사진으로 그 심각성이 알려져 왔다. 폭식증의 심리적 원인을 어릴 적 부모와의 분리 경험에서 상처가 있었던 것으로 본다. 먹는 것은 어머니와 융화하고자 하는 소원이며, 토하는 것은 이별하려는 충동으로 보는 것이다.

실제 진료실에서 보는 식이장애의 많은 분들로부터 감정의 기복이 크고 우울하면서 마음이 허전하다는 호소를 듣는다. 허하니 음식으로 채우려고 하는 것이다. 하지만 단백질과 탄수화물 따위로 채워지지 않는다. 가짜 식욕이니 폭풍 흡입을 하지 말자고, 감정 기복을 줄이는 치료를 하면 가짜 식욕이 줄어든다고. 그러고는 허전함이 어디에서 온 것인지 뿌리를 캐내본다. 그러면 정말 대부분의 경우에서 트라우마가 있었던 것이 밝혀진다.

어릴 적에 원치 않았던 부모와의 이별은 박탈감의 깊은 상흔으로 새겨져 있게 마련이다. 아이 곁을 떠나지 않았지만 언어와 폭력으로 학대한 것은 헤어진 것보다 다행인 것일까? 앞의 여성보다 더 심했던 20대 여성은 어릴 적에 아버지가 술만 취하면 화를 내고, 가스통을 들고 라이터를 켜곤 했다. 다 같이 폭발해 죽자는 아버지의 흉측한 모습은 어린 자녀들에게 어떻게 각인이 되었을까.

이제야 그 이야기들을 꺼내면 나이 드신 부모들은 '왜 오래전 일들을 들먹거리느냐. 사는 게 힘들어서 그랬겠지. 기억이 안 난다'며 언짢아하신다고 한다. 하지만 부모에게 과거와 현재의 심정을 표현하는 것도 필요하다고 격려한다. 사과를 바라서가 아니라 이제야 하는 자가 치유의 첫 발걸음이기 때문이다.

"저에게는 오랫동안의 상처였고 이제 말을 함으로써 그 넝쿨을 벗어던지겠어요. 이 상처는 사람들을 경계하고 의심하며 밀어내게 만들었어요. 이제는 제가 사랑받을 자격이 없어 버림을 받을 것이라고 생각하지 않을 거예요."

● 모녀의 전쟁과 사랑, 엄마는 사랑을 했을까

어떤 이야기들을 보면 동화처럼 살아가는 갈등이 없는 모녀 관계가 있다. 그러나 현실에서는 대개 그렇지 않다. 엄마의 모성은 지극해서 아름다우나 엄마라는 인간의 모습은 억척스럽고 탐욕스러울 수도 있기 때문이다. 자식들에게 헌신하기도 하고 상처를 주기도 한다. 리얼리티를 담은 좋은 이야기들을 보면 피할 수 없는 모녀의 애환들이 있다.

영화 '마요네즈'(1992)에서의 엄마는 바퀴벌레 때문에 한밤중에 딸에게 전화를 거는 철이 없는 엄마(정말 한심하고 불쌍한 엄마의 모습을 자연스럽게 잘 연기한 김혜자 분)다. 딸 아정(최진실 분)은 머릿결을 위해 머리에 마요네즈를 바르다가 폐인으로 누워 대변 처리를 하지 못하는 남편의 허벅지를 때리는 엄마를 보면서 구토를 하고 싶다. 대변 냄새보다 마요네즈에 더 비위를 상한 아정은 충격을 받고 엄마를 마음속에서 지우려고 한다.

엄마는 남편이 죽은 후 딸 아정의 집에 들어가 살게 된다. 이때부터 두 모녀는 크고 작은 전쟁을 일상으로 치른다. 아정의 엄마도 남자로부터 사랑을 받고 싶은 보통의 여자였다. 그러나 자신의 남자는 술과 폭력을 일삼는 무뚝뚝한 남자였고, 질긴 세월 이후 남은 것은 쓸쓸한 잠자리뿐이다. 이런 엄마를 이해하려 해보지만 여섯 살배기 아들과 남편, 그리고 곧 태어날 아기와 함께 단출한 가족을 꾸리고 사는 평범한 여자인 아정은 엄마가 낯설다.

영화는 특별한 사건 없이 딸의 집에서 두 여자가 부딪치는 아주 현실적인 장면들이 계속된다. 딸의 독설에 엄마는 발끈하여 울분을 토하면서 말하길 "왜 여자는 나이가 들어서는 더 이상 여자일 수가 없는 건지, 내가 네 아빠를 보살피면서 사는 게 왜 당연한 건지 이해할 수가 없다."고 한다. 엄마가 돌아가시고 아정은 엄마의 빨간 스카프를 두르며 엄마를 생각한다. 엄마를 이해할 수 없고 미워했지만 이제 알 것 같고 후회되기도 한다. 자신도 그런 엄마의 인생을 따라가는 게 아닌가 생각한다.

엄마도 욕망을 희망하는 여인이다. 하지만 아내와 엄마의 역할에 진저리를 치고 포기하면 지탄을 받는다. 이런 엄마를 지켜보는 딸은 엄마를 미워하면서도 그 자리에서 살아내야 했던 여자의 일생에서 자신을 본다. 그리고 마요네즈를 바르는 엄마는 언제부터 저랬을까 궁금해진다. 우리 엄마는 사랑이란 걸 해보기는 했을까?

딸은 영화 '인어공주'에서 드디어 엄마의 20대를 보게 된다. 목욕탕 때밀이계의 큰손인 엄마 연순(고두심 분)은 무능력하고 착하기만 한 남편을 대신해서 가장 역할을 하는 억척 아줌마다. 엄마에게 구박을 받던 아빠는 쉬고 싶다며 눈물을 흘리더니 어느 날 집을 나간다.

아빠를 찾으러 엄마와 아빠가 처음 만났다는 섬마을에 간 나영 (전도연 분)은 스무 살의 해녀 엄마를 본다. 그녀의 모습은 재활용 가구를 주워오고 목욕탕에서 계란 값 하나로 쌍욕을 하며 싸우는 우리 엄마가 아니다. 마을 우체부를 짝사랑하는 너무 순수하고 예쁜 시골 처녀이다. 지금의 아빠인 우체부 총각과 엄마가 하는 순진하고 진실한 사랑에 살짝 끼어들게 되었다. 이렇게 딸 나영은 젊은 20대 엄마 연순에게 친근감을 느끼고 현실에서의 엄마가 가깝게 느껴지고 사랑하게 된다.

우리들의 엄마들이 분명 지나왔을 그녀들의 스무 살을 보는 것은 예쁜 동화를 보는 것처럼 흐뭇하다. 서툰 사랑이 결실을 얻게 되는 해피엔딩은 나영에게도, 보는 우리에게도 감동이었다. 그런데 연순과 나영 모두에게 이 엔딩은 끝이 아닌 시작인 것이 문제이다. 포옹을 풀고 나면 다시 밥을 지어야 하는 일상의 반복이 기다리고 있다.

진료실에는 이렇게 아정이, 나영이, 아정이 엄마. 나영이 엄마들이 힘들고 삶에 지친 모습으로 찾아온다. 아정과 나영은 우울하고 자존감이 아주 낮은데 그 마음에는 불안해하는 어린 소녀가 있어 그 소녀를 만나보아야 치료가 가능하다. 아정이 아빠들은 술의 힘으로 모녀에게 상처를 주고, 아정이 엄마들은 애정결핍증과 공허함으로 살아간다. 나영이 아빠들은 무기력하고 무책임하고, 나영이 엄마들은 억척스럽고 우울증을 외면한다.

　대체로 딸들은 아빠에게 연민하기 쉽고 엄마와 갈등하며 분노한다. 이것을 정신분석학으로 엘렉트라 콤플렉스라고 한다. 아빠를 두고 엄마와 경쟁하는 딸들의 태생적인 심리이다. 사내아이가 엄마를 두고 아버지와 경쟁하고 건강하게 아버지를 극복하고 엄마를 떠나가듯이 딸도 이러한 심리적 과정을 거친다. 이 과정에서 엄마와 딸은 갈등하는데 통과의례의 작은 갈등일 수도 있고 전쟁처럼 격렬할 수도 있다. 이 전쟁은 끝나지 않고 지겹도록 오래 가기도 한다.

　소설가 권여선 님의 자전적 수필 '30년 전쟁'을 보면 불교에 심취한 어머니와 기독교도들인 두 언니들의 종교전쟁의 스토리가 나온다. 이를 지켜본 막내는 '무려 30년 동안이나 그들의 신이 그들로 하여금 그렇게 고집 센 염소처럼 적대하게 만들었다.'고 말한다. 이렇게 길었던 30년 전쟁은 큰 언니가 수술을 받은 후 먹으면 토해내면서 아무것도 먹지 못하다가 엄마의 된장국이 먹고 싶다고 한 것이 큰 전환점이었다. 한달음에 달려간 어머니는 아예 큰 딸집에 머물며 음식을 해 먹였고 환자는 자분자분 잘 먹고 소화를 시켰다고 한다. 만나기만 하면 상대의 종교를 헐뜯던 두 여인이 매일 붙어 지내며 조금도 싸우지 않고 저녁에는 뭐 해먹을까 의논하며 끝없이 자애로운 대화를 나누는 감동적인 광경이 펼쳐지며 이 전쟁은 허무할 정도로 싱겁게 끝이 났다. "내가 보기에 불교를 믿던 어머니는 '죽음에 관한 한 결코 자식을 앞세울 수 없다.'는 교로 개종하고, 기독교였던 큰 언니는 '어머니가 만든 음식이 최고의 보약'이라는 교로 개종한 듯 보였다.'는 표현을 보고 무릎을 치며 유쾌하게 웃었다. 적이 될 수 있지만 이렇게 새로운 종교(?)를 만들 정도로 기막힌 화해를 할 수 있는 게 모녀지간임을 확인하게 해준 사례인 것 같다.

우리 딸들은 앞서간 엄마를 따라간다. 아정과 나영은 아이를 낳으면 엄마가 되어 기쁘지만 당황하고 불안해질 것이다. '내가 좋은 엄마가 될 수 있을까. 나처럼 살아갈 것을 뻔히 알면서도 키워야 하나.' 이렇게 걱정하고 산후 우울증이 오며 엄마 노릇을 시작한다. 아이들이 성장하면서 자신을 빼닮은 것을 보고 답답하기도 하고, 반대의 모습을 보고는 더 끌리기도 한다. 엄마처럼 살지는 않아야지 하며 아등바등 살아가고, 나의 못난 점을 닮은 아이에게 속상해하며 나이가 들어간다.

나만 바라봐주었던 그 남자는 옆에서 '웬수'가 된 지 오래이고 자식들만 바라보며 살아왔는데 그 자식들은 엄마가 징그럽다고 한다. 자신을 더 걱정하는 아이나 으르렁거리는 아이나 모두 떠나가고 이제 허전한 마음뿐이다. 이렇게 진절머리가 나도록 살아온 자신의 모습이 친정엄마와 똑같다고 느껴진다. 이렇게 내 앞에서 한숨을 짓는 그녀의 안에는 아직도 그 소녀가 상처받은 이

후 성장하지 못하고 숨어 있는 것이 보인다. 지금이라도 자신을 위해서 치료를 받도록 부탁한다. 과거의 일들을 끄집어내는 것은 아프지만 꼭 필요한 일이다.

수십 년이 지난 일인데 마치 어제의 일처럼 생생하게 회상하며 눈물을 흘리는 머리가 희끗한 엄마들을 보면 안쓰럽다. 아정이 모녀, 나영이 모녀, 후남이 모녀들은 우리 주위 도처에서 볼 수 있다. 엄마들은 거룩하고 아름답지만 약하고 추하기도 하다.

● 이제 엄마 곁을 떠날래요

정신과 의사 일을 하다 보면 수많은 사연들을 듣는데 그것들은 대부분 상처들이다. 그 불같이 데인 상처들은 믿기 힘들지만 대부분 가정의 울타리 안에서 일어나니 가정은 사랑의 보금자리이면서 고통의 근원지이기도 하다. 최근 마음이 저린 사연이 있는데 지금도 진행형이라 어떻게 결말이 날지 걱정되어 그 사람이 기다려진다.

20대 초반의 여성(딸 B)이 지치고 힘든 기색이 역력한 모습으로 왔는데 부모님의 불화가 심하여 그 사이에서 힘든 것이었다. 가정에 성실하지 않다가 외도까지 한 아버지와, 참고 기다리다가 배신의 충격까지 더해 우울해진 어머니 사이에서 맏이인 이 여성은 끔찍한 시간들을 고스란히 옆에서 겪은 것이었다.

자녀들은 가정에서 가장 낮은 곳에 위치하기에 부부 관계에 금이 가서 물이 새면 가장 먼저 물에 잠기는 취약한 존재들이다. 특히 맏이이면서 딸이라면 가장 먼저 심하게 가슴에 멍이 든다. 살아갈 날이 많은데 대인관계와 결혼 생활에서 이런 상처들이 독으로 작용할 것을 알기에 그녀가 안쓰러웠다. 이 아가씨는 휘청거리는 엄마를 잡아주려고 휴학을 하였고, 이제 복학하려는데 엄마가 안 좋으시니 포기하려고 한다.

알고 보니 이 지친 여학생의 어머니(어머니 B)는 내가 치료했었던 그분이었음을 알게 되었다. 그분은 1년 전에 기운이 전혀 없는 모습으로 내원한 아주 지쳐보이던 여인이었다. 당시 그 여인은 감정 기복이 심하여 극단의 감정들이 파도처럼 일렁이며 자살 충동이 있는 심한 우울증 상태였다. 그 원인은 남편과의 갈등이었는데 최근의 외도가 결정적인 유발 요인이었다.

남편의 외도는 이번이 세 번째인데 분명한 증거들을 들이밀어도 남편은 외도 사실을 부인하며 반성을 하지 않는 몰염치하고 권위적인 태도를 보여 상처를 받아왔던 것이다. 평소에도 부부는 대화가 거의 없으니 갈등이 생길 때 풀지 못하고 쌓이기만 해왔다. 남편은 가정에서는 권위적이고 무미건조한 남자이지만 바깥에서는 친절하고 다정하였다. 부인은 부부 동반 모임에서 다른 부인들에게 너무 친절하게 대하는 것에도 상처를 받았다. 이런 남편이지만 그래도 남편을 의지하였고 따르려고 노력하며 결혼 생활을 유지해왔다.

어머니 B에 대한 우울증 치료를 시작하였고, 남편은 부인과 병원을 한 번 방문하였지만 태도의 변화는 없었다. 이분이 좋아진 것은 치료에 대한 본인의 노력과 옆에 딸이 지켜준 것 덕분이라고 할 수 있었다. 치료 중에 많이 밝아지면서 자신감이 생겼고, 이제 자신이 일을 할 것이며 남편만 바라보며 의존하지 않을 것이라고 했다. 만약 남편이 진심으로 반성하면 받아주겠지만 아니면 이혼도 불사하겠다는 당당해진 모습으로 바뀌었다. 나는 이분이 자존감을 회복하여 스스로 서도록 기다렸기에 그런 모습이 무척 반가웠다.

이렇게 한참 좋아지던 부인은 어느 날 안색이 창백하여 펑펑 눈물을 쏟아냈다. 유방암 진단을 받았다고 했다. 기구한 팔자라며 절망하는 이분을 달래며 수술과 화학요법으로 치료가 가능하다고 하니 기운을 내자며 위로하고, 대학병원에 입원하여 정신과 치료도 그곳에서 같이 받도록 해드렸다.

이후 궁금했던 이분의 소식을 이렇게 따님 B의 방문으로 알게 된 것이다. 어머니는 한쪽 유방을 적출하고 항암 치료가 잘되어 완치 단계이며, 심리적으로 안정이 되어가다 최근 다시 좋지 않은 상황이라고 했다. 아내의 갑작스러운 암의 발병으로 미안해하며 달라지던 남편은 암이 치료되자 다시 바깥으로 나돌며 여자를 만나기 시작한 것이다.

그렇게 배신을 당하면서도 아직도 아버지의 변화를 기대하는 엄마의 모습을 보면 안쓰럽다가 이제는 지치고 화까지 난다고 하였다. 그리고 엄마는 아빠에 대한 분노를 딸인 자신에게 다 표현하며 옆에 있어주기를 바라는데 그 역할이 너무 힘들다고 하소연했다. 엄마가 사랑하는 아들인 남동생에게는 그 아이가 마음이 다치고 걱정할까 봐 조심하면서 말이다. 모녀 관계는 이렇게 복잡한 애증의 관계인 것 같다.

딸 B는 엄마처럼 휘청거리며 힘이 다 빠져나간 모습이었다. 아버지에 대해서는 사랑을 받은 적이 없으므로 기대하지도 않는다. 아버지에게 자신이 거친 말을 하게 될까 두렵기도 해서 마주치지도 않으려고 한다. 부녀 관계에서 체득되어야 할 좋은 경험이 전무하니 앞으로 이성 관계에서 행여 안 좋은 영향을 줄지 걱정이 되었다. 그동안 나쁜 아버지를 둔 여성들이 자신 속에 심어진 부정적인 남성성(아니무스)에 휘둘려 사랑을 할 때 합리적으로 보지 못하고 아닌 대상에 빠져 구속되는 것을 많이 보아왔기 때문이다.

그러고 보니 이 모녀는 심성이 아주 닮았다. 둘 다 성격유형 중에 양털 옷감처럼 부드러운 심성의 소유자라고 일컫는 '현모양처' 유형이었다. 마음이 너무 여리고 예민한데 잘 표현하지 못하고, 자기주장과 거절을 잘 못 하며, 참을성은 가히 놀라운 성격이다.

자상한 남자와 살면 더 없이 좋은 여성의 성격이지만 그렇지 않을 경우엔 심하게 마음고생을 할 가능성이 높다.

결혼해서 살다가 사랑의 열정이 식으면 연애 시절과 달리 조심하지 않게 되면서 그 사람의 본래 패턴이 나오게 된다. 결혼 생활이란 것이 사랑과 관계없는 수많은 사건으로 부대끼는데 서로의 방식으로 고집하며 싸우고 화해하는 과정에서 평등하며 합리적인 관계를 만들어 나간다. 그런데 착한 여자와 나쁜 남자는 서로를 존중하는 것이 아니라 종속적인 관계가 될 수 있다. 항상 그렇진 않지만 엄마에게 자상하지 못한 아빠를 두었거나 자신에게 다정하지 않은 아빠를 보며 자랐다면 자신 안에 만들어진 남자를 보는 안목을 의심해보는 것이 꼭 필요하다.

나는 엄마에 대해 걱정하면서도 엄마의 감정 기복에 힘들어하는 B에게 집을 떠나야 하지 않겠느냐고 하였다. 아버지와 엄마의 부부 관계 사이에 끼는 것은 아니다. 지지고 볶든 갈라서든 그들의 문제이나 이제 너는 네 갈 길로 가야 한다. 가정은 이제 파라다이스가 아니지 않으냐. 어릴 때 딸이 좋아하는 선물을 사오며 뺨에 뽀뽀를 해주던 그 아빠가 지금은 아니다. 언제까지고 딸의 머리를 빗겨주며 옛날이야기를 들려주던 엄마의 포근한 품에 안겨 있지는 못한다. 한 남자이고 한 여자인 두 사람의 삶을 이해하는 것은 이제 어른으로 살아보며 많은 것을 겪으면 가능해질 것이다. 그리고 돌아와 엄마를 안아주던 아빠를 용서해주든 너에게 달려 있다, 라고 한 것 같다.

한참을 울던 B는 엄마가 우울증으로 자신을 묶어두며 아빠에 대한 방패막이로 삼는 것에서 벗어나서 자유롭게 가고 싶은 길을 가겠다고 이야기했다. B는 이제 복학을 할 것이고 방을 얻어 집을 나가겠다고 하는데 마음이 후련해 보이고 생기가 있어 보였다. 쉬운 결정이 아님을 안다. 힘든 역경에 울면서도 침착하고 기품이 있는 여성이라 자신의 앞길을 잘 헤쳐 나갈 것으로 믿는다. 엄마에게서 벗어나 자신의 삶에서 스스로에게 영웅이 되기 위해서는 물리적으로 멀리 떠나는 것이 아니라 심리적으로 거듭나야 한다.

● 엄마의 말뚝, 고삐를 풀고 나가는 딸

여자아이는 엄마를 바라보며 엄마를 롤 모델로 삼기도 하고 엄마의 일생처럼 안 살겠다고 애증으로 등을 돌리기도 한다. 한 여성으로서의 삶을 보고 느끼고 스스로 가슴이 타들어가다가 남성 가부장적 사회에서 페미니즘으로의 혁명을 꿈꾸기도 한다. 그래서 모녀 관계의 삶의 전형은 페미니즘에 대한 이야기가 되어야할 것 같다. 신화를 찾는 것보다 우리에게는 이 땅의 한 많은 모녀의 전형을 보여주는 소설이 있다. 바로 고故 박완서 님의 『엄마의 말뚝』이다. 마흔에 소설을 쓰기 시작한 박완서 님의 주옥같은 작품들은 자신의 산 경험에서 우러나온 픽션으로 알려져 있다.

박완서 님의 이 자전적 작품은 딸이 엄마와 반목과 친밀감으로 부대끼면서 여성으로서의 자신의 정체성을 모녀 관계를 통하여 찾는 성과를 보여주기에 페미니즘의 선구라고 할 수 있을 것이다. '말뚝'은 구조물을 지지하기 위해 땅에 두드려 박은 기둥이다. 기둥으로서의 버팀목 역할과 무엇을 매어 놓는 역할의 이중적 의미가 있다. 엄마는 출가외인으로 친정을 떠나 시댁이라는 곳에서 집안사람으로 인정받지 못하는 오랜 세월을 험하게 살아낸다. 많은 눈물을 뿌리는 이곳이 자신의 말뚝을 깊이 박는 곳이 된다.

나의 할머니는 스무 살도 되지 않아 함경남도 흥남에서 고개를 몇 개나 넘어서 한씨 문중에 시집을 왔다. 가녀린 어린 처자는 아들딸을 잘도 낳으며 서러움의 눈물로 땅을 적시면서 그 자리에 말뚝을 박았다. 명민하고 기가 세었던 할머니는 당시 쌀 배급을 하던 공산당 지역 서기의 잘못을 칼같이 바른 소리로 배짱 있게 밝혀 고치기도 했다. 6·25가 터지고 부산으로 피난을 오신 뒤에도 낯선 그 땅에 금방 적응하는 말뚝 박기의 달인이셨다.

할머니는 정이 많아 잘 베풀고 리더십도 있었지만 아닌 것은 참지 못하고 버럭 하는 성질도 있었다. 한번은 외할머니께서 나의 돌잔치에 참석하셨고, 덕담으로 "앞으로도 건강하게 10년은 더 사서야죠." 했던 것이 할머니를 언짢게 했다. 할머니는 "아니, 내가 10년만 살라구요?" 하며 발칵 뒤집어졌고, 외할머니는 몇 번이나 죄송하다고 사과를 하셔야 했다.

이렇게 꼬챙이 같은 직선적 성격인 시어머니의 말뚝 영역에 시집온 어머니는 온유한 성격이기에 그저 참고 세월을 견디는 것밖에 없었다. 가난하지만 손님이 오면 술상을 차려오라는 시어머니의 명령에 어떻게든 마련해야 했다. 부엌에서 울어야 했던 어머니는 여기에 말뚝을 내리는 것이 더 많은 시간이 걸릴 것 같았다. 10년 이상을 사실 것 같던 우리 할머니는 그 뒤 3년을 더 사시고 돌아가셨다. 매운 시집살이 6년에 시어머니의 말뚝과 곳간 열쇠를 승계받았던 어머니는 은근하고 단단히 자신의 방식으로 말뚝을 관리하며 50년 넘게 그 자리를 지켜오셨다.

딸들은 엄마의 말뚝에 묶인 후 이제는 그 말뚝을 부여잡고 집착하며 아파하고 소리치는 엄마에게 질려서 자유를 찾아 떠난다. 엄마보다는 조금 더 자유를 가진 여성이 되었으나 부대끼고 살아보니 친정엄마의 마음을 알 것 같다. 남편과 아들에게 묶인 삶이어서 딸에게 소리치며 눈길을 적게 주었으나 그것은 딸이 편하고 거울속의 자신 같기에 스스로에게 소리친 것이라는 것도 알게 되었다.

그래서 이제 자신처럼 살지는 말라고 한 그 친정엄마에게 돌아와 사랑한다는 말을 하려 하는데 엄마가 시간이 얼마 남지 않아 딸은 통곡한다. 그래도 두 사람은 한 번도 결별한 적이 없었던 연대의 관계였음을 깨달을 것이다. 딸이 마지막 순간에 엄마의 손을 잡아주고 비석을 세워주면서 엄마는 여자의 일생을 완성하는 것 같다.

이렇게 가슴 아픈 모녀 관계의 사연을 말하다 보면 결국 페미니즘을 생각하지 않을 수 없다. 고 박완서 님은 자신은 한 번도 페미니즘을 의식하며 글을 쓴 적이 없다고 했는데 오히려 이 사실이 질곡의 한국사를 살아온 자신(과 그 어머니)은 가부장사회의 피해자이며 자연스럽게 여성의 자유와 지위(가정과 사회에서의)를 고민해온 페미니스트의 삶이었음을 말해주는 것이라고 생각한다.

◉ 엄마의 장녀, 죄책감을 갖게 하는 엄마

진료실에서는 감정 기복의 큰 파도에 서로 부딪치며 똑같은 모습의 우울증으로 내원하는 모녀들을 볼 수 있다. 딸들이 엄마의 애환에 너무 가까이에서 같이 부대끼면 두 사람 다 감정의 출렁거림이 심하게 된다. 특히 장녀는 엄마의 정서적 고통을 같이 겪으며 사례처럼 방패 역할이 되기도 하고, 자신의 길을 제대로 가지 못하며 희생할 수도 있다.

맏이의 역할에 대한 어른들의 기대는 아들에게도 마찬가지여서 대체로 장남들은 어깨가 무거워 짓눌려 굳어지고 위축된 모습이다. 생각들이 지나치게 많고 감정 표현을 절제하는데 거절을 잘 못하고 화를 못 내는 분들도 많다. 하지만 가부장적 사회에서 장남의 권한과 권위는 인정받는다. 그런데 장녀에게는 그 지위와 보상은 별로 없이 책임과 희생만 가해진다는 것이다. 그래도 이 땅의 씩씩한 장녀들은 소설과 드라마에서 보듯이 체념하고 동생들이나 오빠를 위해 자신들은 희생하다 낮은 사회적, 경제적 수준으로 떨어지기도 한다. 하지만 장남이 자신을 희생하며 동생들을 뒷바라지하는 것은 별로 본 적이 없다.

아이들에게 화를 심하게 내며 우울하여 내원한 4남매 장녀인 C의 경우도 마찬가지다. 밑의 남동생 두 명과 막내 여동생에게 어릴 적부터 참고 양보하는 게 C의 오래된 습관이었다. C는 늘 '네가 맏이니까 누나가 참아야지, 엄마가 바쁘니까 네가 엄마 역할을 해야 한다. 왜 동생들을 챙기지 않고 친구들과 만나서 놀았니'라는 말을 들으며 자랐다. 친구들과 놀지도 못하고 항상 일찍 집에 와야 했는데 이런 역할을 부모와 동생들은 당연하게 여겼다. 친척들도 항상 착하게 동생들을 잘 보살피는 효녀라고 칭찬들을 하니 C는 이렇게 하지 않으면 자신이 큰 잘못을 하는 것으로 여기게 되었다.

아버지는 택시 기사를 하시는데 술을 마시고 며칠씩 누워 있고 일을 나가지 않는 경우가 많았다. 술을 좋아해서 일을 못 하게 되는 것인지 일을 하기 싫어서 술을 마시는 것인지 애매하였다. 장녀로 성장해서 책임감이 강한 엄마 C는 이런 아버지가 이해가 안 되니 매일 부부싸움이 끊이지 않았다.

딸 C는 이러한 집안 형편에 대학을 가고 싶다고 할 수가 없어 여상을 졸업하여 취업하였고 월급을 엄마에게 드렸다. 이렇게 엄마의 뜻에 어긋나지 않는 착한 맏이이건만 엄마에게 따뜻한 말 한마디를 들은 기억이 별로 없다. 엄마는 오래전부터 사는 낙이 없다, 너희들이 아니었으면 벌써 이혼했다, 너희들도 말을 안 들으면 엄마는 집을 나갈 것이라는 말을 입버릇처럼 해왔다. 그러기에 엄마가 자신들을 떠나지 않도록 자신이 잘해야겠다는 생각이 꽉 차 있어서 섭섭해도 당연히 참아야 하는 것으로 여겨왔다.

엄마 C도 맏이로서 성장하며 하고 싶은 것을 하지 못하고 힘든 일을 감수해야 했다. 빨리 집을 떠나고 싶어 결혼을 급히 하였고 지금의 남자와 살게 된 것이다. 딸 C가 결혼해서도 엄마 C는 딸에게 하소연하거나 손을 벌리는 경우가 계속되었다. 그럴 때마다 딸은 엄마에게 달려갔고 부탁을 들어주었다. 아버지가 평생 백수처럼 살아오며 생계는 엄마의 고민이었음을 이해하여 자신도 희생한 것이다. 하지만 아들 둘이 있음에도 며느리보다 딸이 편하다며 자신에게 기대는 엄마가 지긋지긋하였다.

엄마 C는 거절을 하지 못하고 화를 잘 못 내는 자신의 못난 성격을 장녀 C에게서 보면 착한 아이임에 기특하면서도 화가 난다. 그래서 칭찬을 해준 기억보다 미련하다며 자꾸 잔소리만 해댄 기억이 훨씬 많다. 그러면서 요구하고 의지한다. 부모로서 열 손가락 물어 안 아픈 손가락이 없다는 것은 맞는 말일 것이다. 하지만 열 손가락 중 아끼게 되는 손가락이 있을 수 있고, 자꾸 더 미워지는 손가락도 있다는 것도 틀림이 없다. 아이들이 저마다 각기 다른 개성을 가지고 있는데 그 인격은 모두 부모에게서 나왔다. 부모는 아이들에게서 자신들의 인격이 조합된 여러 모습들을 보게 되는 것이다.

엄마 C에게 딸 C가 자신을 닮지 않았느냐고 물었다. "맞아요. 특히 내가 인정하기 싫었던 나의 미운 모습들을 우리 큰애가 보여주니 그게 싫어서 폭발했던 것 같아 미안해요."

이렇게 보면 부모들은 열 손가락을 대하는 자신의 태도가 똑같다고 너무 자신하지 말고 스스로를 들여다봐야 하지 않을까. 이런 아이에게는 의식적으로 마음을 따뜻하게 써주는 것은 편애가 아닐 것이다. 이는 맏이에게도 해당이 된다. 가정의 풍파를 다른 형제보다 더 고스란히 겪고 부모의 요구에 가장 버거운 것은 맏이이기 때문이다. 특히 C처럼 장녀들은 무거운 짐의 무게만큼 마음에 멍이 들어 있다. 나의 개인적 경험에서 우울증으로 진단을 받는 여성들 중 장녀가 가장 많았다.

자신이 더 애를 썼다는 자부심보다 장녀로서 죄책감을 자꾸 느꼈던 딸 C는 지금도 엄마가 부르면 달려가긴 하는데 예전보다 많이 밝아지고 좋아졌다. 우울증이 치유되니 평소 후회하고 자책하던 습관이 없어졌다고 좋아한다. 뭔가 억울하고 화가 나 있어 사소한 일에도 어린 아이들에게 짜증내고 특히 맏이에게 폭발하던 모습이 없어졌다고 신기해한다. 아이들이 "우리 엄마가 부드러워졌어요."라고 말할 때는 특히 미안했다고 한다.

그리고 아이들이 힘들어하는 것들을 줄여주려고 한다. 큰아이는 학습 학원들 이외에 미술과 피아노 학원을 몇 년째 다니게 해왔다. 엄마에게 싫다는 말을 못 하지만 큰아이는 피아노를 치는게 고역이다. 반면에 미술은 재미있어 시간 가는 줄 모르고 빠져있다. C는 어릴 적에 피아노 학원에 다니는 친구들이 너무 부러웠다. 멋있는 피아노 앞에 앉아 그 하얀 건반을 연주하는 것은 소원이었지만 차마 엄마에게 말하지 못했다. 그래서 이제는 아이들에게 그 기회를 실컷 누리게 해주려는데 아이들이 따라오지 못하는 것에 답답해했다.

부모가 가지 못한 길을 자식들을 통해 대리만족을 얻고자 하는 것은 흔한 모습이다. 그래서 우리나라는 학원에서부터 과외와 입시학원들까지 사교육의 규모가 엄청난 것 같다. C는 아이들의 학원을 줄여주었고, 맏이인 딸아이는 피아노를 그만두고 좋아하는 미술만 하도록 해주었다.

아이들은 그림에서 자신의 마음을 드러낸다. C의 큰아이는 집을 그릴 때 식구들과 혼자 떨어져 있고 창문이 없는 집을 그렸다. 이렇게 우울한 그림을 그렸으나 화를 내지 않고 자신의 말에 귀 기울여 주는 부드러운 엄마의 모습에 큰아이는 한결 밝아졌다. 어두운 색채와 눈, 코, 입이 없던 인물화를 그리던 아이가 이제는 밝고 다양한 색을 사용하며 얼굴 표정을 풍부하게 표현하고 있다.

● 용감한 여성 시대, 여성 영웅

이제 한 남자의 아내가 되고 며느리가 되고, 아이들의 어머니가 되어 모성을 갖게 된 여성은 살다가 힘들 때 친정엄마가 그리워진다. 이럴 때 친정 나들이는 삶의 중요한 순간이나 고비마다 피신과 충전의 한 방법이 된다. 그 첫 번째 나들이는 출산을 하고 몸을 풀러 가는 당당한 1차 귀환이다. 아이를 낳고 나서 어머니의 보살핌을 받는 이 시간은 중간 기착점이 되고, 이제 그 엄마처럼 엄마가 되어 그 생애를 따라가는 상징적 사건이 되는 것이리라. 살면서 갑자기 행하는 친정 행은 절박하고 너무 힘들 때 도피처나 은신처가 된다.

이럴 경우 어머니는 딸의 고통이 안쓰러워 보듬지만 파국을 두려워하여, '사는 것이 다 그러하며 엄마도 그랬으니 참고 살아가야 한다.'고 딸을 달랜다. 이렇게 딸의 일생은 엄마의 삶처럼 가슴에 많은 것을 담아두는 '여자의 일생'이 되어간다. 이혼을 결행하지 못했던 아킬레스건이었던 아이들이 결혼하고 떠나면서 딸은 갱년기를 지나고, 이제 엄마처럼 시어머니가 되고 친정어머니가 된다. 이처럼 딸이 결혼한 후의 모녀 관계는 대개 질곡과 기쁨과 시간들을 같이 겪으며 화해에 이른다.

친정엄마가 결사적으로 이혼을 반대하는 이유는 집안 망신의 사회적 수치감과 독신의 막막한 경제적 자립 문제 때문이었다. 그러나 이제는 사회적, 경제적으로 여성의 위상이 올라가면서 이혼은 절대 해서는 안 되는 것이 아니라 가능한 결말로서 친정엄마의 생각도 달라지고 있다. 친정엄마 그녀들도 이제 남편과 둘만 남게 되었을 때 수십 년간 변하지 않는 남자의 문제에 옛날처럼 참고 살지 않으며 뒤늦게라도 갈라서는 것을 볼 수 있다.

자녀들을 위해서는 어떤 변신도 서슴지 않았던 용감한 어머니의 시대에서 이제는 자신의 행복을 위해서는 어떤 변신도 결행하는 용감한 여성의 시대로 달라지는 것을 느낀다. 페미니즘은 도처에서 발견되고 여성을 가부장적 권위로 누르는 시대는 끝났다고 선언한다. 호적제도가 바뀌고 소설과 드라마 같은 문화적 상징들에서 여성성은 예전과는 새로운 의미로 맹위를 떨치고 있다.

여성의 사회 진출은 이미 이뤄졌고, 그 역할은 모든 분야에서 남성을 따라잡으며 드디어 여성 대통령까지 나오게 된 것이다.

여성에서의 영웅은 어떤 모습일까? 남성 영웅은 자신에게 부여된 고난을 극복하기 위해 아버지의 영역을 벗어나서 죽음을 무릅쓰고 획득한 영웅의 심성과 능력을 가지고 고향으로 돌아와 과거의 잔재로 둘러싸인 대중을 구원하고 해방하는 새로운 가치를 가진 자를 말한다. 이는 같은 시대를 사는 민중들을 위한 구원이면서 동시에 자기를 구현하며 자신을 구원하는 영웅적 행위이다.

여성 영웅 또한 크게 다르지 않을 것 같다. 아버지가 아닌 어머니가 만든 질서와 가치의 세상에서 딸은 자신의 자아와 자존감이 상처를 받는 고난을 겪는다. 이 세상을 그대로 순응하는 것은 자신의 존재를 부인하는 회피 행위이다. 독립된 인격체로 거듭나기 위해 갈등을 피하지 않는 것은 우리가 해야 할 영웅의 한 모습이 아닐까.

● 모녀 관계의 해법

딸은 영웅이 여정을 떠나는 것처럼 엄마 곁을 떠나라

드라마 '아들과 딸'의 후남, 영화 '마요네즈'의 아정과 '인어공주'의 나영, '버림받을 수 있는 나'의 A, 엄마 곁을 떠나려는 B, 엄마의 장녀인 C, 『엄마의 말뚝』에서의 '나'처럼 우리의 딸들은 많은 시련을 겪는다. 엄마는 가깝기도 하고 멀게도 느껴지는 애증의 관계이다. 엄마는 딸이 가야 할 길이고 넘어야 할 산이다. 그래서 엄마와 갈등하며 엄마의 아집과 말뚝을 극복해야 한다.

시집을 가는 물리적인 떠남과 달리 심리적으로 엄마를 떠나서 거듭나야 한다. 그러지 못하고 결혼을 하거나 사회생활을 한다면 삶의 길 도처에서 자신이 미워하고 닮기 싫었던 엄마의 모습을 자신에게서 보게 될 수 있다. 감정은 널뛰듯 기복이 크고 수렁에 빠진 듯 질퍽거리고, 엄마가 한 것과 똑같이 자신의 딸에게 할 가능성이 아주 높다.

엄마를 한 여자로 보는 마음이 생기고 안쓰럽게 느껴지기도 한다면 그대는 친정엄마가 살아 있을 적에 용서와 화해를 애써볼 때가 된 것이다. 여자의 일생이 끝나기 전에 머리 희끗한 중년의 여인이 쭈글쭈글하지만 천진하게 웃는 백발의 노모와 손을 잡고 오순도순 얘기하는 모습은 얼마나 보기에 좋은가.

페미니즘의 사고가 필요하다

가정에서의 엄마의 지위와 역할이 불평등하거나 억압을 받는다면 엄마를 중심으로 하는 모든 관계들이 건강하지 못하게 된다. 엄마는 자신의 불행에 눈감지 말고 권리 신장을 위해 필요하면 투쟁할 수 있어야 한다. 아이들의 엄마가 존중받도록 도와주어야 한다. 엄마가 불행하면 딸 또한 수렁에 끌려 들어가게 된다. 한 여성으로서 대접받는 삶이라면 그 엄마가 그리는 모녀 관계도 건강하다. 딸이 건강한 여성성을 가지도록 키웠다면 엄마의 큰 보람이 될 것이다.

건강한 여성성이란 부드러운 감성을 가지면서 감정에 휘둘리지 않는 것이다. 논리적이고 이성적인 남성성이 그녀 안에 있어 씩씩하게 자신의 길을 헤쳐 나가 꿈을 이루는 것이다. 이렇게 키우려면 엄마가 정서적으로 안정이 되어 기분에 따라 아이를 대하지 않고 편애하지 않도록 하며, 충분한 사랑을 주고 생각과 감정을 잘 표현하도록 격려하는 것이 필요하다. 너희들을 위해서 참고 희생하며 살아왔다는 말을 하는 엄마가 아니라, 포기하지 않고 항상 열심히 살며 자식들을 의연히 독립시키고 끝까지 자신의 삶을 소중히 사는 모습을 보여 주는 것이 아름다운 엄마이다.

어머니는 가정의 다른 관계들은 적절하고 건강한지 점검하자

부부 관계에 문제가 많으면 엄마들은 여성의 삶보다 어머니의 역할에서 의미를 찾으려고 한다. 그래서 자식들에 대한 애착이 강해지며 삶의 이유가 되기도 한다. 특히 아들에 집착하여 모자 지간이 너무 결합되면 누구도 그 사이에 끼어들 수 없다. 아이들은 전쟁같은 부부 관계의 희생양이 된다. 특히 딸이 방패막이 역할을 자청하거나 동원될 수도 있다. 이러면 딸은 마음의 상처를 특히 크게 받게 되고, 우울증이 생기거나 결혼에 대한 비관적인 마음이 새겨지게 된다.

이렇기에 엄마는 아들의 인생에 너무 깊이 개입하지 말고 딸이 부부 관계의 희생양이 되지 않도록 애써야 한다. 희생양이 된 딸은 너무 일찍 엄마를 떠나 방황하거나 떠나지 못하여 불행해진다. 결국 부부 관계가 모든 문제의 시발점이 되는 것 같다. 이심전심이 되지 못하는 남편과의 갈등으로 많이 힘들겠지만 우리 어머니들은 가정 내의 다른 관계들은 어떤지 살펴보고 대처하는 것이 아주 중요하다.

딸이 자신의 삶을 버겁지만 예쁘게 살아가는 것을 적당한 거리를 두며 도와주자

상냥하게 전화하지만 가끔 전화해주는 며느리보다 투덜대더라도 자주 전화해대는 딸이 좋다. 며느리와는 평행선을 달리지만 딸과는 가끔 교감을 한다. 딸과 갈등이 많고 엄마를 미워하더라도 딸을 내치지는 말자. 딸아이가 마음을 다쳤다면 지금이라도 진정으로 사과를 하는 것이 좋다.

딸과의 적당한 거리가 필요한 것은 정말 어렵기 때문에 더욱 그렇다. 딸의 집에 가서 냉장고 문을 열고 잔소리를 하는 것은 쉽다. 항상 어리게 보여 가르치려는 마음을 내려놓고 그냥 지켜보는 것이 어렵다. 엄마에게 훈수를 청한다면 그때 출동해도 된다.

쉬운 길로 가면 아침에 웃었다가도 저녁에 다시는 보지 않겠다며 틀어지게 된다. 근데 이러면 또 어떤가. 아옹다옹하며 수만 번 전쟁하고 화해를 하는 것이 애증의 모녀지간이니까. 우리 바람과 다르게 엄마는 계속 살아 계시는 것이 아니어서 좋은 추억만을 가지는 것도 시간이 턱없이 모자라긴 하지만 말이다.

◉ 엄마, 사라지지 마

93세의 엄마를 69세의 딸이 찍은 마지막 사진첩『엄마, 사라지지 마』에서 작가 한설희 님은 이렇게 말한다.

> 카메라를 들고 누군가에게 가까이 가는 일은
> 서로의 상처와 결핍에 다가서는 일이다.
> 엄마의 몸 일부를 클로즈업할 때마다
> 아물지 않은 생채기가 클로즈업 된다.
> 우리가 주고받은 가시 돋친 말들,
> 거래처럼 교환한 상처들….
> 그러나 그것들이 더 이상 아프지 않으니 웬일일까….

언젠가부터 나는 엄마를 미워할 수 없게 되었다.

그저 내 곁에 머물러주기를 바라는 것 말고는

아무것도 바랄 수 없게 되어버렸다.

－'클로즈업' 중에서

늦든 빠르든 우리는 언젠가 고아가 된다.

내 머리 위를 받치고 있던 커다란 우산이

순식간에 거두어지고,

속수무책으로 쏟아지는 비와 눈을 맞으며

우두커니 서 있는 것.

그것이 부모를 잃는 경험이 아닐까.

－'첫 셔터를 누르던 날' 중에서

　1남 3녀의 맏이이자 외동아들인 나는 가부장적인 아버지와 자식들을 위해서라면 대단한 모성으로 소문난 집에서 자라 넉넉하지 못한 형편이었지만 많은 애정과 지원을 받았다. 이런 분위기에서 세 여동생들이 받았을 상대적 박탈감과 서러움은 나이가 들어가면서 알게 되었다. 딸들은 체념하면서 간간이 대들기도 하지만 대개는 순종하며 열심히 노력하여 자신의 길을 갔다. 오빠가 집안을 빛내주길 바라며.

　이제 마흔이 넘어가는 여동생들은 모두 주부로서만 있지 않고 자신의 일을 하는데 아이들에 대해서는 친정엄마보다 덜 억척스러운 것 같고, 남편과 갈등이 있을 때에도 잘 조율하면서 살아가고 있다. "오빠, 있잖아, 그때는 그랬었어. 오빠가 오랜만에 집으로 오는 날이 우리가 맛있는 거 많이 먹는 날이었어. 많이 섭섭했었지만 이제는 추억이 되어버린 일이야. 이제는 혼자 남은 어머니가 건강하게 오래 살았으면 얼마나 좋을까. 그지?" 이 땅의 모녀들에게 전합니다. 사랑합니다. 힘을 내세요.

Chapter 4

부녀 관계,
아빠를 부탁해

다가가서 아버지의 야윈 손을 잡고 가만히 눈을 바라보았다. "아빠, 우리 수술을 받아요. 그렇게 해요."라고 부드럽게 말을 하자 아버지는 고개를 떨구며 가만히 계셨다. 아버지의 충혈된 눈을 보며 A는 아주 오래된 마음의 응어리가 조금 풀어지기 시작한다는 느낌이 들었고 아버지와 잡은 손에 온기가 느껴졌다.

공익광고에는 운전할 때는 운전만 하라고 거듭 당부하지만 가정을 운전하는 아빠는 운전만 해서는 안 된다. 앞으로만 달려가지 말고 옆과 뒤를 돌아보며 소통하는 것이 중요하다. 소통의 서투름을 인정하면 정말 눈높이를 맞추는 좋은 아빠가 된다.

'딸 바보'는 딸을 끔찍이 사랑하는 아버지를 일컫는다. '아들 바보'란 말은 별로 쓰지 않는 것을 보니 대부분의 아버지는 딸에게 더욱 끌리는 것인가 보다. 아이들을 키우다 보면 딸이 아들보다 더 재미가 있다. 특히 아장거리고 걸으며 자신의 의사를 표현하면서부터 얼마나 애교가 넘치고 표정도 다양한지 모른다. 퇴근하면 가장 먼저 달려와 안기는 것도 딸이며 출장 가서 가장 보고 싶은 것도 딸이라 전화하면 보고 싶다고 애교를 부려준다. 남아보다 발달 속도가 좀 빠른 것이 여아이기에 하루하루 달라지는 변화에 놀란다. 부모의 뜻을 알아차리는 영특함과 학교에서 있었던 일을 재잘거리는 발랄함은 집안의 분위기 메이커이기도 하다.

대개의 경우 딸아이가 사춘기가 들어가기 전까지는 이처럼 아빠와 딸과의 밀월 관계는 지속이 된다. 문제는 딸아이가 감수성이 예민해지고 또래 관계를 가장 중요시하게 되는 사춘기가 되면 부녀지간에 벽이 생기게 된다는 것이다. 이 시기에는 엄마와도 갈등이 시작되지만 까칠해진 자신을 챙겨주는 엄마가 필요하기에 작은 전쟁들이 있어도 모녀는 끊임없이 대화를 하므로 소통은 된다.

하지만 사춘기 소녀들이 이 시기에 아빠에게 갖는 불만은 '대화가 안 된다'는 소통의 벽이 생기는 것이다. 딸이 원하는 것과 내심을 누구보다 잘 알아서 입의 혀가 되던 아빠가 졸지에 딸의 말귀도 못 알아듣는 아빠가 된 것이다. 어린애도 아닌데 함부로 스킨십이나 하려고 하는 징그러운 남자, 좋고 싫어하는 것에도 수십 가지의 이유가 있는 나이인데 딸에 대한 공감과 이해력이 바닥이 되어버린 단순 무지한 아빠가 되어버린 것이다.

이렇게 두꺼운 벽이 생겨버린 것에 슬기롭고 유연하게 대처를 하지 못하는 아버지는 아들처럼 딸아이도 머리가 커지더니 제멋대로 굴고 너무 까다로운 사춘기 행세를 한다며 아이의 문제로 돌려버리고 만다. 가장 예민한 시기의 육아는 여전히 아내에게 맡기고 멀찌감치 떨어져 투덜거리고 있는 것이다. 이러면서 아내로부터 듣는 딸의 문제 행동에 버럭 화가 나서 대뜸 훈육을 하는 것은 부녀 관계를 더욱 악화시킨다. 자신의 말을 제대로 들어보지도 않고 자기 말만 하는 아버지를 보며 딸은 마음의 벽을 더 높이 쌓게 되는 것이다.

예전처럼 회복하고 싶지만 요원한 딸과의 관계에 답답하다가, 아이들이 보여주는 학업의 성취에 보람을 느끼다가, 대학 진학에 정성을 쏟다가, 사회로 나아가는 어른이 된 딸을 보면 어느새 자신의 머리가 반백이 되어버렸다.

● 무서운 아버지와 두 딸

만약 아버지가 권위적이고 불통의 가장이라면 그의 딸들의 삶은 일그러질 가능성이 높다. 아버지로 인해 불행해진 어머니가 있고 이로 인해 모녀 관계도 큰 영향을 받기에 더욱 그럴 수 있다. 형제와 자매의 성격이 비슷한 경우를 본 적이 없을 것이다. 또한 부모의 영향을 받고 펼쳐지는 그들의 삶도 너무 다른 경우들이 많다. 무서운 아버지, 불행하다고 아파하는 어머니, 안절부절못하며 부모를 지켜보는 장녀, 부모에 분개하며 집을 뛰쳐나가 감정조절을 못하며 사는 차녀의 스토리는 진료실에서 드물지 않게 볼 수 있었다. 자매를 형제로 바꾸어도 마찬가지로 흔한 우리 가정의 실제 사례들이다. 그 중에 가장 안타까웠던 사례이다.

30대 후반의 여성 A는 불안과 우울함으로 내원하였다. 불안을 느껴 온 것은 너무 오래여서 기억이 나지 않을 정도라고 한다. 어릴 적부터 마음이 편했던 적이 없고 사소한 일에도 기분이 나빠졌다. 무기력해지는 것이 대부분이나 아이에게 짜증을 부리며 폭발하기도 한다며 자책하였다. 아들 하나에 자상하고 건실한 남편과 어진 시부모님이 있는 단란한 가정이어서 문제 될 것이 없었다. 스트레스가 무엇인지 질문하자, 힘들게 하는 건 없고 자신의 성격이 문제라고 하였다.

A는 너무 걱정이 많고 꼼꼼하여 신경이 항상 예민하다. 상대의

말이나 표정에 신경이 곤두서며 자신이 혹시 놓친 게 없는지 실수한 것이 없는지 전전긍긍한다. 자기로 인해서 시부모님이나 남편, 다른 이들이 불편해하거나 화가 난 것은 아닌지 불안해한다.

어느 날, 시어머니가 자신 때문에 언짢아하시는 게 틀림없다며 초조해하였다. 남편은 '어머니가 그런 말로 화를 낼 분이 아니지 않느냐. 이제 제발 지나친 걱정은 하지 마라. 당신은 착한 며느리로 잘하고 있다'고 하여도 소용이 없었다. 신랑이 살짝 알아본 결과 시어머니가 그때 시아버지와 가벼운 언쟁을 하고 나서 조금 속이 상했던 것이고, 며느리가 한 말은 기억도 하지 못하는 등 별문제가 아니었음을 알고 나서야 A는 비로소 안심을 하였다고 한다.

결혼 10년차로서 주부 역할과 직장 일을 잘하고 있는 부지런하고 착한 이 여성을 보며 현재의 스트레스나 갈등으로 인해 이런 것이 아님을 짐작하였다. 그래서 성장 과정과 부모님에 대하여 질문을 하였을 때 A는 바로 안색이 어두워졌다. 어머니는 결혼 전에 돌아가셨고, 아버지 혼자 계시며 여동생은 결혼하였다고 한다.

아버지는 성공한 사업가로서 점잖고 인격자로 인정받는 사람이었으나 가족들에게는 엄하고 무서운 사람이었다. 어릴 적부터 그녀의 기억 속 아버지는 항상 화가 난 얼굴이었으며, 엄마에게 사소한 일로 소리를 지르며 긴장된 분위기를 조성하였다. 더욱 무서운 것은 이런 아버지가 술을 마시고 들어오는 날이었다. 거래가 성사되어 자신의 무용담을 펼치며 기분이 좋을 때도 있었지만 거의 대부분은 화가 난 상태로 들어와 어떻게든 아내와 아이들에게 폭발할 거리를 찾았고 그냥 넘어가는 날이 없었다. 아내에 대한 폭행이 자주 이어졌고, 이를 말리는 큰딸 A에게도 폭력을 행사하였다.

A는 나이가 들면서 엄마를 보호하기 위해 나서지 않았다. 아버지가 무섭기도 하였지만 엄마가 미워졌기 때문이다. 엄마는 두 딸에게 헌신적이지 않았다. 아니, 오히려 이기적이었다. 남편의 화살이 자신에게로 향하면 이를 모면하고자 거짓으로 아이들의 잘못을 만들어 내었다. 엄마는 아이들을 방패로 삼았는데 이로 인해 특히 맏이인 A가 아버지에게 오해를 받아 많이 맞았다.

그럼에도 A가 참았던 이유는 엄마가 죽어버리거나 자신들을 떠날까봐 두려웠기 때문이었다. 엄마는 입버릇처럼 너희들 때문에 도망가지 못하고 참고 사는 것이라고 하였으며 아프다고 자주 누워 있었다. 엄마가 짐을 싸거나 오래 누워 있는 날이면 A는 미칠 듯이 불안하여 학교도 가지 못하고 엄마를 지켜야 했다. 어떻게 하면 엄마가 떠나지 않을까 고민하며 힘든 집안일과 엄마가 시키는 것이면 무엇이든 했다.

이에 비해 여동생(B)은 순종적이지 않았고, 때리는 아버지와 자식이 최우선이 아닌 엄마에게 대놓고 반항하였다. 학교에서 폭력을 휘두르고 자주 결석하여 무리들과 어울렸으며 선생님이나 부모님 그 누구의 말도 듣지 않았다. 아버지는 B가 중학교 2학년 때였을 때 손찌검을 하며 야단을 치다가 발악하듯 덤벼드는 딸애의 눈빛을 보고는 그 뒤로 손을 놓았다. A는 자신이 하고 싶은 대로 하는 여동생 B가 부러웠다. 그리고 밉지만 불쌍한 엄마의 손을 놓지 못하였다.

● 우리 가족은 정말 사랑한 걸까

일본의 '가족기능연구소' 대표이며 정신과 의사인 사이토 사토루는 그의 책『우리 가족은 정말 사랑한 걸까』에서 분노를 억압하는 구조에는 세 가지 형태가 있다고 하였다. 첫째, 자신의 분노가 상대를 허물어뜨리고 부서지게 한다는 공포 때문에 분노를 억제하는 구조로 두 살 전후로 작용한다. 둘째, 자신이 화를 내면 '상대에게 미움을 받고 버림을 받는다는 불안'으로 분노를 억제하는 구조다. 첫 번째보다는 늦은 시기에 나타난다. 셋째, 마음에 분노가 가득한데도 '상대가 너무 강한 탓'에 일단 고분고분해지는 구조이다.

A는 두 번째에 해당된다. 어릴 적 엄마에게 나름 신경질을 내거나 울어보았는데 엄마는 들어주지 않았다. 오히려 두 배로 화

를 내며 자신은 왜 이렇게 힘드냐며 신경질적으로 반응하다 쓰러질 듯 누워버리기 일쑤였다.

유아기에는 아이가 자기중심적으로 화를 내더라도 엄마가 태연하게 받아주며 무너지지 않고 지켜보아야 한다. 이러지 못하면 A의 경우에서처럼 아이의 마음에 '속죄'라는 감정이 솟아나고 이는 '우울'이라는 기분의 토대가 된다. 엄마에 대한 분노는 우울이라는 감정에 흡수된다.

부모가 건강하면 아이는 정신 발달이 순조롭게 되지만 부모가 쉽게 무너진다면 아이의 정신 병리는 시작된다. 자신의 분노로 인해 엄마가 무너져 내리거나 불행해지는 것을 본 아이는 공포에 사로잡혀 극히 온순하게 행동한다. 이제 아이는 엄마의 모든 불행한 감정이 자신 때문이 아닌가 불안해진다. 더 자라면 현실을 파악하여 엄마와 아빠의 문제임을 파악하지만 때는 늦었다. 그때는 이미 화를 내지 못할 뿐더러 자기주장도 제대로 하지 못하는 마음 습관이 뿌리를 내린 뒤이기 때문이다.

A는 성인이 되어서도 자신이 상대의 마음에 들기 위하여 노력해 왔기에 좋은 사람이라는 평을 듣는다. 친구들과 이웃들 사이에서도 자신보다 남을 우선시하기에 자기주장을 해본 적이 없다. 착한 며느리는 당연한 자신의 역할이니 동서들보다 많은 일을 해왔다. 10년이 지나 이제는 자신의 양보를 당연하게 여기는 시어

머니와 동서들을 보며 우울해진다.

　너무 오랫동안의 배려는 당연한 권리라고 여겨질 수 있음을 알고 있는지 물어 보았다. 알고 있지만 자기 권리를 찾을 용기가 없다는 것이다. 사람들을 만나고 오면 너무 피곤하다. 당신이 상대방의 눈치를 보며 항상 신경이 곤두서 있는 한 이러한 만성피로와 무기력은 없어지지 않을 것이라고 말해 주었다. "제가 바뀌지 않으면… 계속 그렇겠지요?" 하는 그녀의 대답 속에는 이제는 달라지고 싶은 간절한 의지가 보이는 것 같았다.

　치료를 하면서 조금씩 달라지는 그녀를 볼 수 있었다. 그녀는 기분이 좋아지고 불안이 줄어들면서 느긋해지고 게을러지는 것 같다고 하였다. 곤두선 신경이 평온해지면 나타나는 정상적인 상태이니 걱정하지 말고 이럴 때는 느긋함을 즐기는 것도 좋다고 말해주었다. 또 그녀는 아이에게 짜증도 내지 않았고 잠도 더 깊이 자게 되었으며, 상대의 눈을 잘 쳐다보며 뭔가 자존감이 올라가는 느낌이 든다고 하였다. 분석적인 상담을 통하여 그 원인을 통찰하고 약물의 도움으로 느긋함과 기분의 향상이 되었기 때문이었다.

　또 하나의 치료적 작업은 대본을 짜고 연기를 하는 것이다. 차마 하지 못하는 자기주장과 분노의 감정을 표출하는 것은 이런 분의 경우 작정하지 않으면 하지 못한다. 그래서 계획한 상황에서 부정적인 감정을 표현하도록 대사를 준비하여 연기하듯이 연습하도록 부탁하였다. 가슴이 터질 듯 두근거리더라도 결행하도록 했다. 하고 난 뒤의 성취감이 얼마나 시원하고 뿌듯해하였는지 그분의 표정이 지금도 기억이 난다.

이렇게 달라진 A는 여동생인 B의 걱정을 하며 그녀의 치료도 필요하다고 하였다. 자신과 전혀 다른 모습의 외향적인 성격으로 감정 표출을 너무 하여 사람들과 불화가 많던 동생이었다. 호불호가 너무 뚜렷하기에 상대를 아주 믿어버리고 친하다가도 쉽게 불화하며 사람들과 등을 지기 일쑤였다. 이런 경우는 원한을 잘 만들며 스스로 고독해지게 된다. 그래서 술에 의존하게 되었고 사람을 제대로 볼 줄 몰랐다. 아버지처럼 술과 폭력을 사용하는 나쁜 남자를 만나 결혼하여 불화가 심한데 그녀의 우울은 아이들에게 전가되어 학대 아닌 학대를 하고 있어 A는 걱정이다. 이처럼 부부에서의 문제는 부녀와 모녀의 문제로 이어져서 그들의 딸들이 갈등과 불행을 재생산하게 되는 것임을 다시금 보게 되었다.

혼자 계신 아버지에 대한 연민과 분노의 양가감정으로 고민하던 A는 아버지의 위암 결과를 알게 되었다. 초기라서 수술을 하면 완치가 가능한데도 아버지는 치료를 거부하는 것이었다. 혼자가 되며 술이 더 잦아지고 우울해하던 아버지는 더 살아서 뭐하냐며 고집을 피웠다. A는 '평생 아빠 마음대로 사셨으니 이번에도 그리 하세요.'라는 생각도 들었지만 곧 아버지가 초라해 보여 마음이 아파왔다. 다가가서 아버지의 야윈 손을 잡고 가만히 눈을 바라보았다. "아빠, 우리 수술을 받아요. 그렇게 해요."라고 부드럽게 말을 하자 아버지는 고개를 떨구며 가만히 계셨다. 아버지의 충혈되는 눈을 보며 A는 아주 오래된 마음의 응어리가 조금 풀어지기 시작한다는 느낌이 들었고 아버지와 잡은 손에 온기가 느껴졌다.

심리학자 루이지 조아는 『아버지란 무엇인가?』에서 그리스 신화의 헥토르의 투구와 갑옷, 무기는 아버지가 세상을 살아가는 방편이자 권위라고 하였다. 부드럽고 생명력 넘치는 모성에 비하면 아버지가 갑옷으로 무장한 권위는 아들과 딸로 하여금 뒤로 물러서게 만든다. 남자들, 아버지들은 투구를 쓰고 가정에 들어와서 더 사나워지기도 하는데 벗기를 두려워하고 벗는 방법을 모르기도 한다. 거리를 두며 두려워하는 아이들 앞에서 아버지가 갑옷을 벗고 무기를 내려놓을 때 진정한 아버지의 모습을 보일 수 있다고 한 루이지 조아의 말이 가슴에 와 닿는다.

● 소설 『아버지』의 부녀

1996년 우리를 울린 아름다운 소설 『아버지』는 열심히 살아왔지만 소통에 서툴렀고 그 진심을 알게 되었으나 너무 늦었던 슬픈 이야기였다. 소설에는 산업사회의 전선에서 평생을 보내지만 가정에서는 소외받는 고개 숙인 남자였던 아버지가 나온다. 중년의 가장이 췌장암 말기 선고를 받고 평생 그래왔던 것처럼 조용히 사랑하는 가족들을 위해 죽음을 준비하며 아파하는 내용은 슬픔에 인색한 중년 남성들까지 울렸었다.

이 소설은 가족의 사랑을 다룬 내용인데 여러 가족 관계에서 부녀 관계가 축이었다. 주인공은 딸에 대한 사랑이 아주 깊었지만 아빠에게 실망하고 분노한 딸로부터 가시 돋친 편지를 받고 상처를 크게 입었다. 아무리 일밖에 모르고 주변머리 없고 표현력이 떨어지는 아버지라도 가족에 대한 사랑밖에 없는 소심한 가장임을 알 터인데 어찌 그리 아버지를 밀어내며 상처를 주는지 아버지인 내가 속상하고 화가 나서 그 불쌍한 50대 남자에게 연민하며 울었다.

그리고 이 남자가 왜 이리 되었는지 가만히 들여다보았다. 아내와 딸, 아들에게 모두 소외당하고 자신의 사랑과 헌신을 오해받는 것은 사실 그에게 문제가 있었다. 가족 관계의 가장 기본 관계는 부부 사이가 아닌가. 아내가 아이들의 교육에 헌신하더라도 부부 관계에 금이 갈 수 있는 정도의 집착은 아니어야 했다. 여기에서 아이들 엄마의 문제가 드러난다. 하지만 아내가 남편에게 사랑을 받는다는 마음이 들고 원만하다면 남편을 소외시키면서 아이들에게 올인을 하지는 않았을 것이다. 여기에서 소통의 불통이 시작된 것이 아닐까.

지원이 아버지는 고지식하여 요령도 부족하지만 입신양명의 욕심을 버렸기에 소중한 가치를 위해 더 애써야 했다. 비록 말주변이 없고 주변머리가 없어도 아내와 아이들에게 계속 소통하려고 노력했어야 했다. 언제부터인가 자신을 따뜻이 쳐다보지 않고 말을 걸지 않는 아내와 아이들에게 화가 나 있어도 풀지 않다가 병마에 덜미를 잡혔다. 이미 말기라는 것을 알고 말할 시기를 놓쳤으며, 자신의 운명에 울분을 삭이며 혼자 감당한다. 권위로 가족에게 군림하진 않지만 이처럼 마음의 문을 닫고 자신을 학대하는 아버지들도 있다. 이 또한 이기적인 모습이다.

딸 '지원'은 가족과 소통하지 않고 휘청거리는 아버지에게 제발 정신 좀 차리고 자기들 곁으로 돌아오시라며 냉정한 조언과 부탁을 한다. 물론 아버지가 말기 암 상태임을 모른다. 항상 무관심한 표정, 가족보다 친구를 더 위하는 모습, 술 취한 아버지의 유치하고 천박한 주정을 보며 딸은 분노하고 실망해 왔다. 그랬기에 제발 아버지의 자리를 찾아달라는 딸의 소원은 그 표현이 과격하여 아버지에게 비수가 되었을지라도 정당한 요구다. 아버지가 뺨을 때렸다면 잠깐 반항하다가 아버지의 품에 안겨 잘못했다고 엉엉 울려고 했던 딸이었다.

지원이처럼 안정적인 가정에서 엄마의 지극한 도움을 받으며 성장하고 아버지를 사랑하지만 그 빈자리에 실망하고 분노하는 딸들이 많을 것이다. 지원이 아버지처럼 어느 정도 능력이 있고 딸을 지극히 사랑하나 무관심하게 보일 정도로 그 내면의 사랑을 표현하지 못하고 아내에게도 자신의 마음을 이해받지 못하는 남자들도 많을 것이다.

지원은 아버지의 죽음을 직면하면서 아버지의 깊은 사랑을 확인하며 영원히 이별한다. 암이 아니더라도 딸들은 아버지와 헤어지게 된다. 언젠가는. 아버지의 속마음을 뒤늦게 알게 되어 가슴을 쥐어뜯는 것은 안타까운 일이다. 그렇게 되지 않으려면 아버지는 딸이 성장하는 그 눈높이에 맞춰서 같이 사랑의 버전을 업그레이드해 나가야 한다.

또 한 가지 중요한 것은 부부 관계의 불화가 모자 관계를 캡슐처럼 지나치게 밀착되게 만들듯이 이 불화는 부녀 관계를 너무 멀어지게 하거나 너무 밀착되게 만들어 가정의 균형이 깨어지게 한다는 것을 이 애잔한 스토리들에서도 생각해 볼 수 있었다.

● 드라마 '내 딸 서영이'의 부녀

조금 다른 아버지와 딸의 유형을 말하고 싶은데 2013년에 TV 인기 드라마로 방영되었던 '내 딸 서영이'이다. 여기에는 정말 사랑했기 때문에 딸 바보가 되고 싶었지만 실패한 또 한 명의 아버지가 나온다. 서영 아빠(천호진 분)는 이 드라마에서 주인공 서영이(이보영 분)와 부녀 관계로서 중요한 축을 이룬다. 아버지는 서영이가 어릴 때 정말 다정한 아빠였지만 술과 노름에 빠지면서 엄마를 불행한 여자로 만드는 나쁜 남편과 가장의 모습을 보여준다. 엄마가 불쌍하게 숨을 거두는 것을 본 서영이는 이 모든 책임이 아버지에게 있다고 여기고 부녀간의 인연을 끊기로 결심한다. 딸에게 직접 상처를 준 일은 없지만 아내를 위하지 못하고 사회생활에 실패하여 가족 모두에게 고통을 준 것으로 딸에게 절대 용서받지 못하는 아버지가 된 것이다.

그리스 신화에서 아들이 자신을 무너뜨리고 왕이 된다는 예언을 들은 아버지가 아들을 제거하려고 하자 목숨의 위협을 느낀 아들이 집을 떠나 영웅의 힘을 얻어 돌아와 아버지를 심판한다. 쌍둥이 중 하나인 서영은 이런 신화의 구도처럼 집을 떠나서 사람의 죄를 심판하는 판사가 된다. 그리고 능력 있고 건실한 남자와 결혼하여 안정된 로열패밀리로 들어간다. 이란성쌍둥이인 서영, 상원 남매 중 딸 서영이는 이렇게 아빠를 떠나지만 아들 상원이(박해진 분)는 아빠 옆에서 지키고 보듬는다. 그리고 심판이 아니라 상처를 치유하는 의사가 되는데 자식의 양가적인 두 마음을 상징적으로 보여주는 장치이다.

서영이는 멀쩡히 살아 있는 아버지가 안 계신다며 부정했던 거짓말이 드러나자 시댁의 비난과 사회적 지탄을 받고 이혼하게 된다. 아버지를 지우고 싶은 딸이었지만 자신이 버린 아버지가 그 뒤에도 자책하며 뒤에서 딸의 행복만을 빌고 사랑했음을 알고 아버지를 용서하게 된다. 분신인 상원이가 하는 것처럼 자신의 일부 마음도 미운 아버지 옆에 있어온 것이기 때문이다. 증오하지만 결국 사랑하여 용서할 수밖에 없는 부녀 관계이기에 이 드라마도 부녀의 화해로 대미를 장식한다.

서영이 아버지는 아내를 위하고 자식을 자애하는 다정한 아버지가 아니었고, 건실하게 돈을 벌어오며 가족을 부양하는 책임감 있는 아버지도 아니었다. 대개의 남자들이 큰소리를 치는 경제적 능력에서 오는 권위도 없이 술과 노름 같은 당장의 즐거움에 빠져 사는 미숙한 아버지였다.

실제로 여성이 생계를 책임지고 남성이 무위도식하거나 오히려 돈을 까먹는 가장들이 있다. 이런 환경에서 자라는 여성의 심리는 양극단을 보인다. 하나는 남성을 모방하여 남성의 세계에서 남성적인 방법으로 살아간다. 이런 경우 지나치게 야망 지향적이거나 냉혹한 지성의 소유자가 되는 경향이 있다.

사례에서 서영이가 이런 경우이다. 서영이는 두부 자르듯이 냉혹하게 아버지를 버리고 강한 의지와 독한 집념으로 판사가 되고 흠잡을 데 없는 완벽함으로 결혼 생활까지 잘 영위한다. 오히려 쌍둥이인 아들 '상우'가 여성적이어서 마음 약하고 정이 많다. 서영의 이면인 상우는 서영과 달리 부잣집 동료 여의사보다 자신과 아버지에게 헌신적인 여성과 결혼한다. 미운 아버지이지만 모시고 살며 헌신하는 상우는 착한 딸의 상징이다.

드라마에서 양극단의 두 딸의 모습을 펼쳐 보이는데 현실에서는 이 사이의 모습으로 살아 나가는 우리의 딸들이 있을 것이다. 서영과 상우는 아버지를 깨우쳐 변화하게 만들었는데 서영은 얼음처럼 차가운 이성이었고, 상우는 따뜻한 부뚜막처럼 아버지를 녹였다. 이처럼 갑옷을 벗지 않는 아버지나 가족을 위한 전쟁에 나서지도 않는 철없는 아버지를 교화시키는 똑똑하고 따뜻한 딸은 아버지의 복이다.

부녀간의 화해를 위해서 이렇게 딸들의 도움으로 아버지가 깨우치고 달라지는 모습은 아름답다. 아들에게 부자유친하고 딸에게 아이의 발달에 맞추어서 다정한 남자 친구의 이상형을 보여주는 아빠가 되는 것은 모든 아버지의 로망이다. 이런 모습이 얼마나 어려운지는 아버지가 되어보면 실감한다. 왜냐하면 이렇게 되기 위해서는 갖춰야 할 필요충분조건이 있기 때문이다.

먼저 건강한 여성성이 풍부한 부드러운 남성의 면모가 필요하다. 의심하고 신경질적인 부정적인 여성상은 당연히 없어야 한다. 아들과 친애하고 딸에게 자애할 수 있는 아버지는 분명 잘 공감하고 따뜻한 아니마(남자에게 있는 여성성)가 풍부한 아버지일 것이 틀림이 없다. 그러면서 건강한 남성성도 충분해야 가정에서 부드러운 카리스마를 보여주고 사회생활에서 합리적이고 씩씩한 모습으로 건승하는 모습도 보여줄 수 있다. 요즘은 여성도 사회 진출을 당연시하므로 아버지의 이런 건승과 성공은 아버지를 존경할 수 있는 이유가 되는 것이리라.

그런데 이런 양면성을 갖춘 균형 있는 남성은 성장 과정에서 아버지의 도움이 없이는 거의 불가능하다. 부자 관계가 건강하고 가까웠어야 이런 남성이 만들어지는 것이니까. 그래서 그 아버지가 어머니에게도 군림하지 않고 동등한 관계에서 소통이 되는 부부의 모습을 아들에게 보여주었다면 아버지 역할을 잘할 수 있는 남성을 만든 것이다.

딸에게 좋은 아버지가 되려면 이처럼 윗대의 도움이 필요하다. 가족 관계 중 모든 관계가 건강해야 좋은 결과로 이어지는 이 부녀 관계야말로 남자의 역할 중 가장 어려운 역할인 것 같다.

● 우매한 아버지와 다 바치는 딸, 심청전

아버지를 위해 희생하는 딸들의 이야기는 우리나라에서 많이 봐왔는데 영화 '서편제'에서는 명창의 꿈을 실현하기 위해 아버지가 딸을 장님으로 만들기도 하였다. 최고의 전형은 『심청전』의 심봉사와 딸 심청의 부녀 관계가 아닌가 한다.

고혜경은 『선녀는 왜 나무꾼을 떠났을까?』에서 심청의 희생을 보면서 여성의 정체성을 통찰력 있게 설명하였다. 『심청전』은 아내가 죽고 눈이 멀게 된 심봉사가 딸 청이의 젖동냥을 하는 불쌍한 상황으로 시작한다. 고혜경은 심봉사의 눈이 멀었다는 것은 아버지가 우매하여 사리분별을 하지 못한다는 것을 상징하며, 아내의 죽음은 심봉사 내면의 여성성과의 단절을 의미하는 것이라고 하였다. 이런 가운데 착하고 어린 딸의 등장은 어머니의 죽음으로 단절된 여성성이 새롭게 살아나는 희망적 메시지인 것이다.

또한 고혜경은 이런 심봉사가 물에 빠져 허우적거릴 때 나타난 스님은 심봉사 내면의 그림자로 볼 수 있다고 하였다. 그림자란 정신분석학에서 의식의 어두운 면으로 수치스러워 무의식에 파묻어 버리고자 하는 욕망을 말한다. 이 그림자의 존재는 누구나 가지고 있는데 의식의 자아와는 대조적인 이미지이다. 내면의 욕구를 무시하고 가면을 벗지 않을수록 그림자는 더 짙어져간다.

심봉사의 무지와 판단력 부재는 결국 딸을 죽음으로 내몬다. 어떤 상황에서는 우리가 이렇게 약할 수 있고 상식 밖의 행동을 할 수도 있음을 보여준다. 고혜경은 순식간에 시주 약속을 한 것은 한꺼번에 오랜 어두움을 해결하려고 한 욕심이라고 한다. 그렇다. 오래 묵은 내면의 심리 상황을 일순간에 해결할 묘책은 없는 것이다.

아버지와 청이는 심봉사라는 원형적 남성과 그 내면에 있는 어린 여성성으로 볼 수도 있다. 남성 내면의 여성적 아니마는 필링

기능이다. 느낌, 감정, 감각, 열정, 직관력이다. 심봉사처럼 자신의 여성성과 차단되어 무미건조하고 정서적 소통을 하지 못하는 눈 뜬 봉사들은 많다. 외적인 가치들만 주장할 때 내적인 감정들이 짓눌려지고 상대의 감정을 공감하는 것도 놓치게 되어 가족 간에 심각한 소통의 장애를 초래하는 것이다.

또한 눈 뜬 봉사처럼 현실을 직시하지 못하는 아버지란 감정을 억압하여 공감을 표현하지 못하거나 너무 권위적이어서 자신이 무엇을 놓치는지 모르는 강하기만 한 남성을 말한다. 이러면 부러지기 쉽다. 결국 이들이 이것을 깨달았을 때는 많은 것을 잃어버리고 난 후일 것이고, 암울하여 절망적인 우울에 빠져 있을 것이다. 소설 『아버지』에서 지원이 아버지와 드라마 '내 딸 서영이'에서의 서영이 아버지처럼 말이다.

심청은 아버지와 사회의 모순을 알면서도 공동체를 위해 이타적으로 희생을 한다. 아버지는 이러한 딸에게 미안하고 안타까우면서도 자신의 우매함이 저지른 결과를 뒤엎을 능력이 없어 딸의 희생을 받아들인다.

심청전을 효의 이야기보다 희생과 살인의 이야기로 보는 시각도 있다. 책 『전을 범하다』에서 저자 이정원은 심청이 속한 공동체가 효의 절대성을 강조하려는 이념으로 심청을 살해했다고 볼 수 있다고 말한다. 그들은 아비는 딸보다 높고 효는 가장 우선하는 가치임을 강조하고, 누구나 자신을 우선시하는 이기성의 본

능으로부터 공동체를 보호하는 제의적 장치로서 심청을 죽음으로 몰았다고 지적한다. 사회는 심청 희생의 수혜자들이고 심봉사는 공동체가 강조한 폭력적인 효의 가장 큰 수혜자인 셈이라고 한다. 공동체가 개인보다 중요하여 효를 내세워 사회체계의 존속을 위해 개인을 희생하였던 심청의 시대에서는 이랬었다. 그런데 우리 시대에도 저자가 보내는 절대성과 폭력성에 대한 경고는 유효하다. 너희들이 그렇게 상처를 받았었는지 몰랐어, 라는 우매한 아버지는 대개 세상의 폭력으로부터 아이들을 보호해주지 못한다. 딸을 인당수로 보내고 식음을 전폐하고 자신의 욕심과 우매함을 자책하는 아버지는 어느 누구든 되기 싫을 것이다.

아버지는 가족들의 생사를 좌우하는 막강한 가장의 존재이다. 서영이 아버지처럼 쾌락에 빠져 가족을 희생시키는 남자들은 지금도 도처에 있다고 본다. 자신은 노동과 부양에 지쳐 잠시 스트레스를 푸는 것인데 이 정도는 할 자격이 있다고 한다. 알코올중독이나 도박중독은 취미가 아니라 미숙한 충동 조절을 하지 못하여 가족을 나락으로 떨어뜨리는 끔찍한 문제이다. 실제로 불행한 성장 환경을 말하는 딸과 아들들에게 아버지를 기억해보라고 하면 중독자인 아버지의 폭력이 있었다.

심청이 아버지처럼 무지몽매하고 세상에 이용당하는 어리석은 남자들도 많은 가정들에서 볼 수 있다. 여성이 현명한 남성성을 겪지 못하고 이기적이고 감정적인 남자들에게 엮이는 것은 어쩌면 아버지의 책임일 수도 있다. 아버지는 딸에게 남성의 전형으로 역할을 하는 것이니까 남성의 좋은 면모들을 체득하도록 돕는 것이 훌륭한 아버지인 것이다.

심청이 무조건적인 복종이나 무비판적인 수용을 하지 않고 문제를 정확하게 직시하고 판단하는 아버지의 눈이 되었다면 어땠을까. 착한 선택만이 효녀가 아니다. 자의식을 성숙시켜 지나치게 남성적이지 않고 지나치게 여성적이지 않으며 부드러우면서 강인한 여성, 생명력이 풍부한 여성이 되어야 한다. 아버지를 구원하기 위하여 모든 것을 내어놓은 심청이 연꽃으로 재탄생하였을 때 바로 이러한 여성이 되었음을 의미하는 것 같다.

지금까지 네 가지의 부녀 관계들이 나왔다. A와 그녀의 아버지, 지원이 부녀, 서영이 부녀, 심청이 부녀이다. 모두 문제가 있는 아버지와 딸들이다. 그리고 지극히 인간적이다. 우리들 모두 문제투성이의 인간들이 아닌가. 자신의 문제가 무엇인지 알지도 못하고 설령 안다고 하더라도 잘 고쳐지지 않는 것이 현실을 살아가는 생활인들의 고민이다.

네 가지 경우에서 우리는 어떤 부녀에게 가까운가 생각해보자. 자식들을 어떤 사람으로 성장시키는가는 부모의 역할이다. 딸의 성장에는 어머니의 역할도 중요하겠으나 아버지는 또 다른 의미로 중요하다. 아버지는 사회생활과 가정생활의 롤 모델의 역할을 한다. 능력 있고 분별력 있는 부드러운 남성, 자신의 고뇌만 보지 않고 가족들의 마음을 배려하고 공감해주며 힘든 일일수록 가족 간의 소통을 리드하는 아버지의 모습이 얼마나 좋은가. 또한 부부간의 꾸준한 사랑과 존중을 아이들의 앞에서 보여주었을 때 결혼과 가정에 대한 건강한 선행 학습이 되는 것이다.

이렇듯 부자 관계와 부녀 관계는 아버지가 건강하고 성숙해야 잘할 수 있는 관계로서 모든 관계 중에서 가장 어렵고 정성이 들어가야 하는 관계이다. 특히 부녀 관계는 딸이 아들보다 더 감수성이 예민하고 성장기에 정신의 발달이 급격하므로 더욱 관리가 필요한 관계이다. 그런데 사춘기 이후에 급격히 냉랭해진다는 것이 문제이고, 이는 아버지가 아이에서 소녀, 처녀로 이행하는 딸에게 이해와 공감이 떨어지지 않도록 노력해야 함을 말해준다.

● 입장 바꿔 공감해보기

그런 의미에서 특이하고 재미있으며 중요한 일깨움을 주는 소설이 있다. 일본 소설인 『아빠와 딸의 7일간』이다. 이 소설은 어느 날 갑자기 아빠와 딸의 몸이 바뀌면서 일어나는 좌충우돌 이야기를 들려준다. '세상에서 아빠가 제일 싫은' 17세 여고생 딸과 '세상에서 딸을 가장 사랑하는' 47세 샐러리맨 아빠가 몸이 바뀌면서 겪는 소동들을 그리고 있다.

고우메는 축구부의 겐타 선배를 짝사랑하는 밝고 명랑한 여고생이다. 화장품 회사의 차장인 고우메의 아빠는 상사의 눈치만 보는 전형적인 샐러리맨이지만 그 누구보다 딸을 사랑한다. 그러던 어느 날, 전차 탈선 사고의 충격으로 두 사람의 몸이 바뀌면서 고우메는 아빠 대신 회사에 가고, 아빠는 고우메 대신 학교에 가게 된다. 하지만 서로의 생활에 익숙하지 않기 때문에 예기치 못했던 황당한 사건들이 일어나는데….

이 소설에는 사춘기 소녀의 두근두근한 첫사랑과, 샐러리맨이 느끼는 인생의 비애가 함께 담겨 있다. 서로 대화도 없고 인사조차 나누지 않던 아빠와 딸은 몸이 뒤바뀐 채 며칠을 보내면서 서로의 입장에서 상대를 이해할 수 있는 시간을 갖게 된다. 서먹서먹했던 아빠와 딸의 관계가 회복되어 가는 과정을 통해 잔잔한 감동을 선사한다.

서로 몸이 바뀌면서 그 사람의 역할을 해본다면 그 사람의 심정을 이해하고 공감하니 오해를 풀며 가까워질 수 있는 최고의 방법이다. 정신과 치료 방법들 중 하나인 사이코드라마에서는 역할 바꾸기가 있어 가족간의 갈등에서 역할을 바꾸어서 심리극을 진행한다. "아버지가 딸의 입장에 서 보세요. 그래서 조금 전 아버지인 자신의 말에 어떤 느낌을 받았는지 말해보세요."라고 하

마인드닥터의
가족행복처방전

면 시키지도 않았는데 자신이 놓쳤던 딸의 입장에서 말한다. 이 모습을 보면 '입장 바꿔보기'가 정신과 치료에서 만 가지 설득보다 더 효과가 있는 것이라는 것을 알게 된다.

실제로 내가 전공의 시절에 사이코드라마 팀의 일원으로 입원한 환자 분들을 대상으로 사이코드라마를 했던 한 사례가 생각난다. "자, 오늘은 어떤 분이 이 드라마극장의 주인공이 되어 자신의 이야기를 펼쳐나가 보시겠어요?" 했을 때 나온 분은 40대 초반 여성 환자였다. 우울증이 심하여 정신 증상까지 동반되었던 분으로 빈 의자에 누가 앉아 있으면 좋겠느냐고 했을 때 그 분은 아버지를 떠올렸다. 성장 과정에서 아버지의 사업 실패 후 알코올 중독과 폭력, 부모님의 불화와 장녀인 자신이 겪어야 했던 많은 상처들, 가정에서의 탈출로 삼은 결혼 생활의 파탄, 아버지를 닮은 남편의 피해의식과 알코올중독 그리고 이혼, 아버지의 갑작스런 죽음 이후 자신의 우울증까지 그녀의 사연은 이어졌다.

아버지의 죽음의 장면으로 가본 것은 아버지와의 관계가 이분에게 핵심적인 문제로 짐작되었기 때문이었다. 아버지에게 하고 싶었지만 하지 못했던 말을 해보라고 했을 때 그녀는 그동안 아무에게도 하지 않았던 말, 아버지를 무서워하고 미워했지만 또한 얼마나 사랑했는지를 가슴으로 털어놓았다. 이는 자신도 항상 원망하고 미워한다고 여겼던 아버지에 대한 속 깊은 감정에는 아버지로부터 사랑을 받고 싶어한 염원이 있었음을 깨달은 것이다.

그리고 이제 아버지의 입장에서 그의 속마음이 어땠을지 그녀에게 대사를 부탁했다. 그녀는 "잘해주지 못해 미안하다. 맏이여서 책임과 희생만 요구하고 제대로 사랑한다고 말해주지 못했던 것이 너무 후회된다. 하지만 너를 항상 걱정하고 사랑하고 있었음을 알아 달라."고 하였다. 가슴속 깊은 곳에서 나오는 울음으로 한참을 울고 있는 환자 분을 보면서 극이 진행되기 힘들 정도로 모두 가슴이 찡하여 말을 잇지 못하였다. 마지막으로 "이제 우울증의 수렁에서 나와서 자신을 사랑하면서 건강하게 잘 살기를 바란다."며 말을 맺는 아버지, 아니 아버지의 심정을 대변한 딸의 간곡한 각본 없는 대사가 있었다.

이렇게 아버지와 진심으로 뒤늦게 소통하고 하늘나라로 보내드리는 시간을 갖게 된 뒤 사이코드라마는 막을 내렸는데 사실 걱정이 되었다. 많은 사람들이 보는 상황에서 자신의 아픈 트라우마를 다 보인 경우 이것이 상처가 될 수도 있기에 후회되지 않도록 잘 지지를 해주어야 한다. 그런데 이분은 그 시간 이후 많이 좋아진 모습이었다. 이제는 스스로를 너무 미워하지 않으리라고 말하는 이분을 보면서 잠재의식 속에 박혀 있던 옹이를 뺀 것처럼 아주 평화롭게 보였다. 상대방의 입장에 서 보고 그 사람의 마음을 공감하는 것이야말로 모든 소통의 시작과 끝이 아닐까. 부녀 관계에서는 이런 기회가 더욱 소중하고 필요하다.

오이디푸스가 신탁의 예언대로 끔찍한 죄를 자신도 모르게 저지르고 이러한 운명을 저주하며 자신의 눈을 찌르고 정처 없는 길을 떠날 때 비틀거리는 아버지를 따라가며 눈과 지팡이의 역할을 한 것은 오이디푸스의 딸인 안티고네였다. 아버지를 사랑하고 충고하고 항상 소통을 위하여 노력하게 만드는 딸이 될 수 있다면 그 아버지에게 복이다. 딸을 사랑하고 차가운 이성과 부드러운 감성을 가진 여성으로 성장시키며 훌륭한 남성을 만나도록 도와주는 아버지가 된다면 얼마나 좋겠는가. 부녀의 관계는 모든 아버지들에게 자신의 인생이 어땠는지 그 점수를 알게 해주는 지표가 아닐까 생각해본다.

● 용서를 구하는 아빠

'용서'라는 EBS TV 방송의 화해 프로젝트 프로그램에서 보았던 부녀가 잊히지 않는다. "이제 겨우 스물한 살이지만 아빠로 인해 깊은 상처를 지닌 딸 '나비'와 자신에게서 점점 멀어지는 딸의 마음을 알 수 없어 답답하고 안타까운 아빠. 좀처럼 좁혀지지 않는 관계를 풀어보고자 딸에게 손을 내민 아빠는 화해를 위한 마지막 기회를 잡을 수 있을까요?"라며 이 리얼다큐는 시작되었고 난 두 사람이 도대체 어떤 시연들과 상처가 있는지 궁금해졌다.

용서를 구하는 아빠는 자신이 무엇을 잘못했는지 몰랐다. 가족이 오해를 한다면 잘 설명을 해주리라 생각할 뿐. 그의 가족들은 자신들에게 큰 상처를 주었던 아버지가 '너희들을 위해서 열심히 살았을 뿐'이라고 하자 대화를 포기하였다. 필리핀으로 떠난 이 부녀의 여행에서 딸은 아버지를 제대로 쳐다보지 않으려 했다. 높은 다리 위에서 아빠가 고소공포증과 공황장애를 호소해도 냉정히 먼저 가버렸다. 그리고 소리쳤다.

"돈, 돈, 돈! 그 정성을 가정에 쏟지 그랬어?"

"너를 키우기 위해서 돈을 벌었던 거야!"

부모님의 관심과 사랑이 절실한 그 시절에 아빠는 돈 되는 것을 찾으며 일을 했고 집에 와도 아내와 돈 때문에 싸우기 일쑤였다. 아이는 가정이 지긋지긋하였고 밖으로 돌기 시작하였다. 방황하는 사춘기에는 친구가 안식처가 된다. 아빠는 딸을 지나치게 구속하여 친구들과 멀어지게 만들었다.

"괴물같이 날 패던 아빠, 내 아빠가 맞아?"

"네 인생을 위한 교육이었어!"

예술고등학교 입시를 앞두고 나비를 가르치겠다는 음악가인 아버지에게 그동안 불만이 많았던 나비는 버릇없이 대들고 말았다. 화가 난 아빠는 버릇을 고치려고 훈육을 하다 심한 폭력에 이르렀고, 그것이 나비에게는 평생 지워지지 않을 상처가 되어버렸다. 이후 나타난 우울증으로 마음고생을 했던 나비는 스스로 정신병원에 찾아가 입원하였다.

"내 마음을 알아달라고 정신병원까지 입원했던 거야."

"정신병원이 벼슬이니? 바쁜 일부터 처리하고 가려고 했어."

아빠와 화해하고 싶었던 딸의 마지막 몸부림이었었다. 하지만 아빠는 입원한 아이를 찾아가지 않았고 돈이 없으니 퇴원시키라고 소리쳤다. 아빠의 말에 다시 한 번 상처를 입은 딸은 자해와 자살 시도까지 하게 되었다. 이후 아빠를 향한 마음을 완전히 닫아버린 딸은 아빠의 전화도 받지 않고, 비좁은 고시원에서 살지 언정 아빠와는 함께 살지 않으려 한다. 아빠는 자신을 외면하기만 하는 딸의 속내를 알 수 없어 답답하고 안타깝다. ('대한민국 화해 프로젝트 ―용서' 홈페이지 http://home.ebs.co.kr/forgive/main 참조)

●아빠는 초보 운전자

나비 아빠도 그랬지만 서투른 아빠들의 공통된 문제 중 하나는 가족들과 정서적 거리를 조절하지 못한다는 것이다. 운전을 잘하고 지도를 잘 보는 남자들이지만 가족과의 정서 교감은 초보 운전자 같다. 이런 모습에 아내와 딸은 답답해하고 상처를 받는다. 그녀들은 공간 감각은 떨어져 자동차 운전은 서투르지만 언어와 감성을 이용하는 소통에서는 발군의 능력이 있다.

그녀들의 눈에 아빠는 십 년, 이십 년이 지나도 여전히 왕초보이다. 가만히 들어주면 되는데 자기 할 말만 해버리고 공포 분위기를 조성하는 마초 근성, '저 상황에서 어떻게 저런 말을….'의 탄식이 절로 나오는 눈치 제로와 미숙한 언어, 잘못해서 상처를 주었음을 돌이켜보지 않고 절대 사과도 하지 않는 독재자이다. 그런데 집에서는 이런 모습들이지만 밖에 나가서는 완전히 다르다. 참고 잘 들어주고 배려를 잘하며 오히려 상처를 받을 정도로 착한 남자이다. 저 사람이 우리 아빠 맞아?

남편과 아빠는 자신이 가족과의 소통이라는 차를 운전하는 데 재능이 부족함을 인정해야 한다. 거리감이 너무 떨어진다. 무관심으로 거리를 두다가 갑자기 들이대며 지나친 관심을 남발한다. 정서의 계기판을 읽지 못하는데 사실 잘 보려고 하지도 않고 '무데뽀'로 운전하려 한다.

나비 아빠도 무관심과 상처를 주는 지나친 관심 사이에서 거리 조절을 하지 못했다. 가족을 위해 돈을 벌기 위해 전력투구하더라도 아빠가 필요할 때는 적절한 거리에서 존재감을 느끼게 해주어야 했다. 지금 어디쯤 가고 있는지 아내와 딸의 분노 계기판이 어디까지 올라갔는지 보면서 가정을 운전해야 사고가 나지 않는다.

심지어 차에서 누가 내려도 알지 못하거나 가볍게 여기는 치명적인 실수를 한다. 나비가 우울증이 심해 정신병원에 입원한 것

마인드닥터의
가족행복처방전

은 자신의 마음을 알아달라고 비명을 지른 것이었다. 하지만 아빠는 이 비명 소리를 듣고도 가지 않았다. 사랑하지 않아서 가지 않은 것이 아니라 계기판을 보지 않아서 오판을 한 것이다. 자신의 분노 게이지만 올라가는 것을 느끼느라 사고가 났는지도 모른다. 사고가 나면 다친 승객들에게 도리어 엄청 화를 내다가 폭력을 사용하기도 한다. 난 아등바등 열심히 운전했는데 왜 자신의 노력을 몰라주고 자신에게 공격을 하느냐며.

공익광고에는 운전할 때는 운전만 하라고 거듭 당부하지만 가정을 운전하는 아빠는 운전만 해서는 안 된다. 앞으로만 달려가지 말고 옆과 뒤를 돌아보며 소통하는 것이 중요하다. 소통의 서투름을 인정하면 정말 눈높이를 맞추는 좋은 아빠가 된다. 가족들 중 가장 눈치가 없기에 가정의 미묘한 변화를 모를 수 있다. 그런데 문제가 있음을 알게 되었을 때는 참 인정하기가 싫을 것이다. 자존심이 상하고 무엇보다 화가 많이 나 있기 때문이다. '아내와 아이들이 어떻게 나에게 이럴 수가 있지', '누구를 위해서 이렇게 뼈가 빠지게 일해 왔는데…' 하며 우울한 상태이기에 분노가 폭발할 수도 있다. 진정하고 차를 세우고 뒤를 돌아다보면 보일 것이다. 누가 트라우마를 입고 피를 흘리는지, 누가 뛰어 내리려고 하는지.

당신은 가족을 사랑하기 때문에 나비 아빠처럼 무엇이 문제였는지 대화를 시작할 용기가 있다. 당신의 아버지가 가족들에게 용서 구하는 것을 본 적이 없다면 당신은 배우지 못한 것을 하기에는 어색하고 아주 불편할 수 있다. 하지만 곧 왜 진즉에 하지 않았는지 후회가 될 것이다.

나비 아빠는 나비가 두 번의 자살 시도를 했다는 것과 아이의 마음을 알게 된 후 오열하였다. 10년간 단절된 부녀지간은 이렇게 다시 소통이 되었다. 사생활이 노출되는 것이 두려워 촬영을 거부하던 나비 아빠가 딸과의 화해를 위해 다가선 용기로 인해 아이뿐 아니라 자신의 마음도 치유하게 되었던 것이다.

● 편지, 딸이 아버지에게, 아버지가 딸에게

나의 아버님은 2010년에 돌아가셨다. 아버지가 돌아가셨을 때 나의 여동생들 중 장녀인 '선희'는 참 많이도 울었다. 장녀는 형제들 중에서 마음고생을 많이 하는 위치이므로 사연들도 많다. 선희는 속은 여리면서도 은근히 고집이 센 아이였다. 어릴 때부터 아버지가 우리 잘못에 노발대발하시면 난 주눅이 들어서 고스란히 야단을 들었지만 선희는 자신의 잘못이 없다고 생각되면 수긍하지 않았다. 성격이 대쪽같은 아버지에게 유일하게 자기주장을 하며 순종만 하지는 않는 편이었다.

두 살 터울인 나와 대학을 같이 보내야 하는 것을 걱정하던 부모님의 대화를 우연히 듣고 선희는 대학을 포기하기로 결정하였다. 놀라 집에 연락한 선생님과 달려온 엄마를 설득하고 고집을 부려서 선희는 상업고등학교로 진학하였다. 선희는 내가 미안해할까 봐, "오빠야! 난 이제 여상에 가니 오빠처럼 머리 터지게 공부 안 해도 되니까 조~오~타!" 했었다.

선희처럼 장녀들 중에는 착한 여자 콤플렉스가 있는 여성들이 많다. 그 속을 짐작해보면 안쓰럽고 대견하다. 가족을 위한 희생에 후회하지 않는다고 하여도 외로워질 때나 우울해지면 자신의 결정이 답답하고 원망스러워질 것이다.

선희는 여상을 졸업하고 직장을 다니다 결혼하였고 씩씩하게 잘 살고 있다. 선희는 아들을 먼저 챙기는 부모님으로부터 상처를 받고 속으로 울기도 하였지만 부모님만큼 자신에게 희생적인 분은 없다고 여기며 감사해한다. 아버지가 술을 드시고 토로하시는 레퍼토리에는 '우리 선희…'로 시작되는 미안함이 있었다. 아버지와 선희는 이러한 부녀 관계였다. 아버지를 납골당에 모실 때 '우리 선희'는 아버지에게 드리는 긴 편지를 써 아버지가 읽으시길 바랐다.

나에게는 아들과 딸이 있는데 막내인 딸에게 늘 '딸 바보' 행세를 하고 있다. 나를 바보로 만드는 아빠의 로망, 딸에게 편지를 보낸다. 아빠를 부탁해.

선희가 아버지께, 목메게 불러보는 내 아버지

선희야, 선희야,
니가 맏딸이라서… 하시며 시작하던 아버지 그 시름을
온전히 다 들어드리지 못한 이 철부지 딸이
이제야 정신 들어 아버지를 찾는데
아버지는 어데 계신지요.

스치는 바람처럼 허망한 게 삶이고 세월인가.
무던히도 그 원망에 가슴마저 시린데….
울 아버지 남겨두신 그 사랑의
흔적들이 얼마나 차고도 넘치는지
감히 이제 아버지 그 짧은 생을 덧없다 못 합니다.

언젠가 제 생일날 아버지가 손수 끓인 미역국에
죄송함에, 감사함에, 출근길
이 딸을 통곡하게 만드시고
처음으로 제 집 가진 딸을 위해
며칠 낮 며칠 밤을 새워 새 집으로 꾸미시고
니가 기특해서,
아버지가 돈은 없지만 이건 해줄 수 있어서…

하셨습니다.

언제나 이 못난 딸에게

잘한다, 할 수 있다, 너는 할 수 있어,

응원하시던 아버지 그 눈빛이 미치도록 그립습니다.

아무리 생각해도 자꾸만 기억해도

해드린 건 없는데

끝없이 받기만 한 아버지의 사랑에

어리석은 이 딸은 이제와 발을 동동

아버지를 부릅니다.

가슴 깊이 헤집는 이 안타까움, 이 후회를

무슨 말로 형용할 수 있을지요.

아버지 남겨 주신

그 기억의 보따리가 너무 크고

그 사랑의 보따리가 어찌 이리도 헤일수가 없는지

끄집어내고 더듬으면서

아이고, 아버지…

마르지 않는 이 눈물이 강물을 이루고 바다를 만난들

그 사랑의 되새김이 끝이 나겠습니까.

아마도 아버지 먼저 가신 그곳까지
저희가 쫓아갈 때까지도
아버지 놓고 가신 그 걸음을
다 쫓을 수 없을 것 같습니다.

목메게 불러보는 나의 아버지
이제는….
아버지!
훈장 받아 마땅한 나의 아버지!
못난 자식 시름 다 놓으시고
편안히 그곳에서 좋은 세월 보내시면
이담에 이담에…
아버지!
그곳에서 찾아뵐 때 아버지께 훈장 받아
마땅한 저희가 되도록
애쓰고 또 나누겠습니다.
아버지처럼요.
아버지의 자랑이자 생명인 오빠와 우리 세 자매
아버지께 못다 드린 그 효를 엄마께
흉내라도 내볼게요.
사랑하는 내 아버지

정말로 애쓰셨고 끝없이 고맙습니다.
자랑스러운 우리 아버지를 영원토록 기억하겠습니다.
사랑합니다.

아빠가 나의 공주 '지수'에게

지수야, 네가 태어날 때 분만실에서 간호사들이 "어마!
한치호 과장님을 쏙 빼 닮았네."라고 말했다는 것을 들
었을 때 여자의 미모를 생각하면 '아뿔싸!'였지만 한편
으로 흐뭇했다. 오빠는 장손이니까 할아버지께서 이름
을 짓겠다고 하심을 따를 수밖에 없었지만 우리 공주의
이름은 아빠가 꼭 짓고 싶었단다. 그래서 작명학 책들
을 독파하고 네가 태어나기 전에 알 '지'와 빼어날 '수'
의 지수로 지었단다. 그 이름대로 넌 영특하게 자라나
더구나. 아빠에게 한 번씩 던지는 촌철살인의 유머와
문제의 정곡을 찌르는 말을 들으며 난 유쾌한 항복을
하잖니.
꼬마 숙녀의 방을 노크도 하지 않고 들어가는 개념 없는
이 아빠에게 짜증이 날지라도 들어오기 전에 카운터 3
부터 0까지 크게 말하고 등장하라고 말해주는 우리 딸.

그 속이 넓어 아빠가 빠지고 싶단다. 물론 짜증 지대로 낼 때는 저만큼 피해 있어야 하지.

이제 방년 17세가 된 지수에게 아빠는 너의 꿈을 꾸어보고 포부를 가져보라고 말해주고 싶구나. 하지만 학교와 학원의 공부에 지쳐 보일 때는 앞을 보고 꾸준히 다가가라는 충고보다 같이 놀자는 말이 나오게 된단다. 힘들고 답답할 때 언제든 아빠 서재에 들어오렴. 우린 웹툰을 같이 보며 낄낄거리고 인디음악을 같이 듣는 사이잖아. 너에게 아빠가 느끼는 것들과 생각을 편지로 보내기도 하였지만 사실 심각한 이야기보다 이런 시간들이 얼마나 좋은지 모른단다.

이렇게 달콤한 시간들도 얼마 남지 않았음을 생각하면 시간들을 붙잡고 싶단다. 천방지축의 귀염둥이에서 세일러복의 여고생이 이렇게 금방인데 곧 대학 진학을 하면 자주 보지 못하게 될 것이고, 사회에 나가 너의 길을 가는 것을 멀리서 지켜보게 되겠지. 가끔은 집에 들러 반백이 된 아빠에게 넥타이를 매어주고 팔짱을 끼며 함께 산책을 해줄 것을 믿을게. 언제나 아빠의 사랑이고 조언자로 남아주기를 바란다, 나의 딸.

Chapter 5

모자 관계,
가장 강한 애착

아이는 성장 과정에서 어머니의 작품이 되기 위해서 많은 욕구들을 참아왔다. 욕구불만은 분노를 만들지만 표현하면 어머니가 쓰러지거나 부모가 이혼하여 가정이 깨어질 것 같아 참아온 것이다.

다시 한 번 강조하면 어머니 자신의 불행에서 빠져나오자. 깨닫기 위해서는 먼저 자신도 부모로부터 어떤 영향을 받았는지를 돌아보고 부녀, 모녀 관계를, 그리고 지금의 부부 관계에까지 이어진 자신의 불행을 본다. 이제 자신의 행복을 위하여 용기 있게 결정과 행동을 하시라.

●아들에게 엄마는, 엄마에게 아들은

아들에게 엄마는

모든 관계들 중에서 가장 강한 애착을 보이는 인연이 모자 관계라는 생각이 든다. 아들의 입장에서 엄마는 가장 오래된 그리움의 근원이고 깊은 애착의 원형이다. 살아가다 힘들고 척박한 삶일수록 엄마를 떠올리면 어릴 적 그 마음처럼 그리움이 물밀듯이 밀려오고 애잔해진다.

군 위문공연 '우정의 무대'라는 프로그램에서 백미인 코너는 '어머니의 방문'이었다. 배경음악 '그리운 어머니'가 '엄마가 보고 플 때 엄마 사진 꺼내 놓고 엄마 얼굴 보고 나면 눈물이 납니다'로 시작되면 군을 찾아온 엄마를 만나기 위해 장병들이 우르르 나온다. 각자 엄마에 대한 사연을 말하며 해당 병사가 엄마에게 안길 때 씩씩한 사내들의 눈에 눈물들이 고이고 보는 이들의 마음도 짠해진다. 전쟁에서 총탄에 맞아 숨질 때도 마지막으로 하는 말은 '엄마'라고 하니 사람의 마음에서 가장 에너지 크기가 큰 것이 어머니에 대한 '사랑'이다. 가장 아름다운 단어 콘테스트에서 압도적인 1위로 뽑힌 단어는 '마더'였다.

나의 어머니는 이북이 고향이신 실향민이다. 어머니가 만들어주시는 남쪽보다 더 큼직한 이북식 만두는 속이 꽉 찬 실한 것이었다. 어머니는 내성적인 성격으로 살갑게 표현을 하지 않으셨다. 항상 걱정해주시고 먹을거리를 챙겨주시는 것이 당신의 사랑의 표현이었다. 필요하다면 언제든 어디든 달려가 구해와서 뚝딱 만들어주셨다. 무한 긍휼적인 사랑이다. 주고받는 것이 보편적인 세상의 모든 관계들인데 엄마의 자식 사랑은 주기만 하며 마르지 않는 샘처럼 솟아나 아들을 적신다. 이 생명수는 평생 기본적 인성의 자산이 된다. 특히 생애 초기의 적절한 모성의 보살핌은 아이에게 사람에 대한 기본적인 신뢰와 사랑의 기틀이 된다.

엄마에게 아들은

'아들'이란 단어는 엄마에게 든든한 기분이 들게 하여 힘이 솟게 만든다. 이 땅에 살아온 우리의 어머니들은 아들에 대한 사랑과 집착이 대단하다. 남아선호사상이 작용해서 어머니들은 아들을 낳아 대를 이어줘야 가슴을 쓸어내리며 안심했다. 이제는 호주제도가 폐지되고 분명히 남녀평등의 시대이니 여성의 짐은 덜어졌다. 여성의 위치가 올라가고 이제는 아들딸 가리지 않고 아이 하나만 가지는 가정도 많아지고 있다. 이럼에도 불구하고 엄마에게 아들은 중요한 존재이다. 이는 정신분석학적으로도 설명된다. 의식적으로 또 무의식적으로 아들은 어머니의 인생에 중심으로 자리 잡는다.

부부 관계가 가족 관계의 출발이지만 살아가다 보면 여성들은 자식들과의 관계가 삶의 중심이 되어 감을 느낀다고 한다. 왜 그럴까? 부부간의 사랑은 식어가지만 자식들은 성장해가는 모습들이 계속 기쁨을 주기 때문일 것이다. 또한 부부 관계는 계속 노력하지 않으면 처음의 그 뜨거움이 미지근하게 유지하기도 힘들다. 얼음처럼 차가워지면 바늘의 작은 자극에도 깨져버릴 수 있다.

이에 비해 모자, 모녀 관계의 애정은 어떤 바람이 불어도 꺼지지 않는 본능이다. 비유하자면 부부 관계가 계속 불을 관리해야 하는 화덕이라면, 부모 자식 관계는 꺼지지 않는 불꽃인 셈이다. 특히 아들은 어머니에게 힘을 내게 해주는 불씨 같은 존재이다. 그래서 인류의 모든 스토리와 작품들에서 모자 관계가 가장 많이 다루어진다. 아들 하나 바라보며 살아가는 조선시대의 어머니들부터 대학 입학을 위해 뛰어 다니는 요즘의 어머니들까지 엄마의 눈길 끝에는 아들이 있다.

1970년대에 권투선수 홍수환 씨가 세계 챔피언이 되었을 때 "엄마! 나 챔피언 먹었어!"와 "그래, 대한민국 만세다!" 했던 엄마와 아들의 대화는 전설이 되었다. 숱한 우리 금메달리스트나 역경에서 성공한 아들들은 거의 모두 아버지가 아닌 엄마를 찾는다. 왜 그럴까? 그건 바로 엄마의 고생이 자신을 그렇게 만들었음을 알기 때문이다. 모자 관계는 어머니의 자기희생적인 속성이 전제된다.

● 피에타

죽은 예수님을 마지막으로 무릎에 뉘이고 애통해하는 성모마리아의 모습인 피에타는 아들에 대한 영원한 모성을 상징한다. 성인인 예수님을 뉘인 그 무릎이 약해보이지만 어머니의 힘은 위대하므로 어색하지 않다. 우리의 엄마들도 허리가 휘어진 노파가 되어도 반백의 아들을 보는 눈은 옛날과 다름이 없이 자애롭다. 나는 모유를 먹고 자랐는데 서너 살까지도 엄마의 젖을 빨았다. 동생과 함께 주야장천 만지고 빨아대었으니 엄마의 젖은 빨리 쭈그러들었으나 우리에게 그 품은 성소였다. 나의 외할머님은 바쁜 아들 내외를 대신해서 손주들까지 젖을 대가며 살뜰하게 키우셨다. 어머니의 부재 하에서 크는 아이들이 점점 많아지는데 사랑이 부족한 계모보다 비록 구식이지만 할머니가 어머니의 빈자리를 훌륭히 메꾸는 것을 보아왔다. '어미되기'는 이처럼 베푸는 자비이고 그 유효기간은 영원하다.

우리 영화 '피에타'는 김기덕 감독이 베니스영화제에서 대상인 황금사자상을 받아 금자탑을 쌓은 걸작이다. 영화 '피에타'에서는 망나니로 살아가는 아들과 자신이 어머니라며 30년 만에 나타나 아들에게 용서를 비는 어머니(조민수 분)가 등장한다. 아들 강도(이정진 분)는 서른 살의 사채청부업자인데 고아로 살아오며 어미의 사랑을 받지 못하고 분노가 가득 찬 잔인한 사람으로 성장하였다. 그래서 엄마라며 나타난 여인에게 '엄마란 인간이 뭔데?' 하는 태도로 잔인하게 괴롭힌다. 조민수는 이것을 견디고 진짜 어미가 되려고 노력한다. 그러자 그동안 모성에 굶주렸던 강도는 엄마를 받아들이며 애착의 과정을 뒤늦게 시작한다.

그러나 사실 이 '어미'는 강도의 엄마가 아니라 강도가 잔인하게 빚 독촉을 하여 자살케 한 장애자 청년의 엄마였다. 아들을 잃고 가족을 잃는 아픔이 어떤 것인지 잔인한 자에게 느끼게 해주려고 엄마로서 접근한 것이다. 엄마의 이 계략은 성공했다. 엄마 조민수가 강도에게 고통을 주려고 자신이 보는 앞에서 뛰어내려 자살하자 아들 강도는 절규하며 슬퍼했기에. 죽으면 자신들이 심었던 나무 밑에 묻어달라는 엄마의 부탁대로 땅을 판 강도는 누워 있는 엄마의 진짜 아들을 보게 된다. 그에게 엄마가 정성들여 짜던 옷이 입혀져 있었다. 강도는 그 옷을 자신이 입고 엄마를 가운데 눕히고 자신도 그 옆에 누워 엄마에게 안긴다. 세 명이 구덩이에 누워 있는 이 모습은 엽기적이고 애잔해서 충격적이었다.

'자비를 베푸소서'라는 뜻의 비탄스러운 마음을 의미하는 피에타, 미켈란젤로의 조각 작품에 그리스도를 안고 있는 성모마리아의 모습에는 신에 대한 인간의 사랑을 회복시키기 위하여 죽음을 받아들인 예수를 보는 어머니의 자애롭고 슬픔이 가득한 눈길이 있다. 어머니 조민수는 장애자로서 타살 같은 자살로 죽어간 아들과 고아로 자라 인간에 대한 연민조차 형성되지 않은 원수 같은 망나니 살인자 아들, 두 아들에 대한 비탄과 사랑을 보여준다.

강도는 복수의 대상이었고 그에게 사랑의 고통을 안겨주어 복수에 성공하였다. 하지만 어머니는 자살하였던 아들을 따라 죽기 전에 강도도 불쌍하게 여기며 모성을 보여준다. 어머니의 사랑과 헌신을 복수극으로 다소 특이한 방법으로 보여준 영화다.

생모에게 버려져 사랑과 동정을 못 느끼는 사탄의 아들로 사는 한 남자는 이 복수극으로 인해 어머니와 가족의 사랑을 느끼는 사람의 아들로 돌아온다. 이는 사랑으로 구원을 받게 되었고, 개과천선한 이 아들은 선의 광휘가 자신을 비췄을 때 역겨움과 증오가 자신에게 향했고 자살을 선택한다. 고속도로에 길게 그어진 강도의 피는 복잡한 감정이 들게 한다. 그처럼 극악한 악인들에게도 어머니는 있을 것이다.

우리는 반인륜적인 범죄를 저지르고 죄의식을 느끼지 못하는 사이코패스류의 범죄자들을 TV에서 본다. 하나같이 정상적인 성장 과정이 아니었고 모성이 결핍되어 있다. 사람에 대한 기본적인 신뢰가 없고 상대방의 고통은 아무런 느낌도 주지 못한다. 만약 강도처럼 사랑을 느끼는 인간으로 회복된다면 그동안의 자신의 악행들을 기억하며 미칠 정도로 괴로워할 것이다. 인간성 회복이 감옥에 갇히는 것보다 더 괴로운 형벌이 되는 것이다. 물론 구원이 되는 것이지만. 이 영화처럼 엄마가 모성으로 접근하는 것이 회복과 구원의 최고의 방법이 아닐까.

자식에 대한 어머니의 사랑은 어떤 죄를 지은 아들이라도 구원이 가능한 것으로 보일 정도로 무한적이고 긍휼적이다. 하지만 어머니의 고통은 어쩔 것인가. 어떤 사랑보다 깊기에 그 고통도 더 깊은 것이고, 이는 어머니 자신이 감당해야 하는 원죄인가. 모성 신화는 이렇듯 어머니의 헌신적인 면모가 필수 장치이다.

● 신화에서의 모자 관계

모성애의 화신, 그리스 신화의 '가이아'와 '레아'

하늘 '우라노스'와 대지 '가이아' 사이에서 괴물 '티탄'이 태어난다. 아버지 우라노스는 괴물 자식들을 혐오하여 땅속에 가두어버렸지만, 어머니 가이아는 아들 크로노스로 하여금 자식을 학대하는 우라노스의 성기를 자르게 한다. 크로노스의 아내 '레아' 역시 마찬가지다. 자식들을 삼켜버리는 크로노스에 대항해 레아는 제우스를 몰래 빼돌린다. 고부 관계인 두 여신은 자식을 위해 남편도 배반할 수 있는 무조건인 모성애를 보인다. 그녀들은 자신이 잉태한 모든 것을, 그것이 추악한 괴물일지라도 무조건적으로 보호하고 사랑한다.

오이디푸스 신화

아들을 사랑하는 근친상간의 내용은 오이디푸스 신화에서 볼 수 있다. 어머니 '이오카스테'는 아버지 '라오스'를 죽이고 자신과 결혼한 아들 '오이디푸스'를 자신의 아들인 줄도 모르고 사랑한다. 엘렌 식수의 오페라 '외디프의 이름, 금지된 몸의 노래'에서 '이오카스테'는 모든 진실을 알게 되지만 아들을 사랑하는 어머니이자 여인의 모습으로 묘사되어 있다. 이 신화적 스토리는 모자 관계가 부부 관계보다 그 애착의 카테시스가 훨씬 강하다는 것을 말해준다. 부부는 살다가 헤어질 수도 있으나 엄마와 아들은 끊어질 수가 없는 영원한 애착의 관계이다.

그리스 신화의 '메데이아'

그리스 신화의 '메데이아'는 사랑하는 '이아손'과 결혼하기 위해 아버지를 배신하고 남동생을 토막 내며 마법을 이용하여 아르고원정대의 이아손을 돕는다. 하지만 남편이 배신하자 남편의 새로운 신부를 독살하고 더 큰 고통을 주기 위해 자신의 아이들을 죽이는 일까지 서슴지 않는다. 도망가서 자신의 다른 아들을 왕위에 세우기 위해 무서운 일들을 주저 없이 행동에 옮기는 너무나 아름다운 독부의 전형이다. 내가 낳은 아들이니 죽일 수도 살릴 수도 있다는 것이리라.

● 영화 '마더'

　영화제에서 큰 상을 받았던 '마더'란 우리 영화는 모성애의 병적 집착을 신화적으로 보여준다. 줄거리는 이렇다. 농촌 읍내에서 약재상을 운영하는 '혜자'(김혜자 분)에게는 다섯 살 지능의 아들 '도준'(원빈 분)이 있다. 어느 날 도준은 여고생 살인 혐의로 체포된다. 경찰은 무능하고 변호사는 돈만 밝히는 가운데 아들이 범인이 아니라고 믿는 아니 믿고 싶은 혜자는 진짜 범인을 찾기 위해 스스로 나선다. 마침내 목격자인 고물상 노인을 만나게 되면서 자신의 아들이 진짜 범인임을 알게 된 혜자는 본능적으로 목격자를 죽이고 증거를 인멸한다. 그리고 다른 용의자가 범인으로 지목되면서 도준은 풀려나고 사건은 종결된다. 마더의 어머니 '혜자'는 다섯 살 지능의 지적장애 아들인 '도준'을 자신의 생명보다 더 사랑하며 보호한다. 아들의 죄가 분명해보여도 "우리 아들이 안 그랬거든요." 한다.

　아들 '도준'과도 '잤다'고 하는 대사가 보이는데 꼭 근친상간이라고 할 수는 없지만 '혜자'는 '도준'을 남편 이상으로 지고지순하게 상징적인 남편으로 대하는 모습도 있다. 혜자는 도준이 어릴 때 생활고에 못 이겨 농약으로 죽이려고 한 적이 있는데, 이로 인해 아들은 지적장애를 갖게 되었다. 죄책감이 모성 위에 덧입혀져 더욱 무조건적인 사랑을 하는지 약재상을 하는 그녀는 매일 아들을 위해 몸에 좋은 약을 먹이는데 언제든지 그녀가 원하기만 하면 독약을 먹일 수도 있는 것이다.

영화에서 보이는 '혜자'의 눈빛은 피를 뒤집어 쓴 모습에서 잔혹한 '메데이아'이기도 하고, 아들을 섬기는 엄마의 모습은 서왕모의 그것처럼 자신이 낳은 사랑의 증거를 보는 생명의 여신처럼 자애롭기도 하다. 영화 끝 무렵에 갈대밭에서 마더 혜자는 제 정신이 아닌 것처럼 몸부림을 치며 춤을 춘다. 이 강렬한 모습은 엄마의 복잡한 감정을 나타내는 것 같다.

현실에서 우리의 엄마들도 이처럼 여러 얼굴이기도 하지 않을까. 사랑한다며 아이를 죽이고 동반자살을 하고 아이에게 미안하다며 과잉보호를 한다. 안쓰럽기에 아이의 문제를 덮어 두어 오히려 망쳐버리며 미우니까 온갖 상처주는 말을 하여 자존감 낮은 이로 만든다. 그래도 사랑하니까 그렇게 한 것이라고 믿는다.

신화나 영화에서는 우리가 되풀이하고 있는 삶의 고갱이를 찾을 수 있다. 확장되고 과장되기도 하지만 저건 우리 이야기가 맞다. 이전엔 밝고 꿈 많던 순수한 모습이었는데 이제는 좌절하고 세상이 잿빛으로 보인다면? 그대 옆의 노모는 주름 가득한 얼굴에 오로지 아들을 걱정하는 마음만이 가득할 것이다. 믿던 이들로부터 배신을 당하고 아내와 자식들도 등을 돌릴 때 그대 옆에는 아들의 불행에 몸 둘 바를 모르고 안절부절못하는 노모가 보일 것이다.

그대의 어머니는 자기주장을 하지 못하고 그저 수십 년 동안 참으며 살아온 단순하고 참으로 답답한 한결같은 얼굴일 수 있다. 어쩌면 오랫동안 절망과 탄식의 한숨으로 아들을 움츠리게 하고 어깨를 무겁게 만들었을 수도 있다. 온갖 흉한 말과 저주 같은 잔소리로 그대를 질리게 만들었고 상처를 주었을 수도 있다. 그녀의 인생이 불행했던 그 질곡에는 아들인 그대에게 악몽 같은 기억들로 여전히 살아 있을 수도 있다. 저 여인의 행복과 불행이 어찌 그대와 따로이겠는가. 그 시간들 속의 모자 관계는 너무 가까운 결합일 수도 있고 너무 차가운 방관일 수도 있다.

● 모자 캡슐

가장 강한 애착이고 영원할 것 같았던 모성의 우산 밑에서 사회로 나가는 아들들의 삶의 곳곳에서 어머니는 그들의 마음에 여전히 작용한다. 모성애의 경험은 사람에 대한 기본적인 신뢰를 마음의 밑바닥에 깔아주기에 이 품성이 부족한 경우 인간에 대한 분노가 너무도 쉽게 나온다. 물론 상대에 대한 공감도 아들 안에 살아있는 엄마의 가슴에서 나온다. 이렇게 모자가 맺는 관계들 중에서 가장 흔한 경우는 '너무 가까운 결합'이다.

50대 중반 여성 A가 무기력하고 우울한 증상으로 내원하였다. 이 여성은 결혼 14년 만에 이혼을 하였고 아들 A와 둘이 살아왔다. 사랑이 없는 집안 간의 결혼이었고, 살면서 정을 들이려고 노력하였으나 서로 더 가까워지는 것이 힘들었다. 부인은 장녀로 성장하며 말수가 적고 책임감이 강하고 신중한 여성이었다. 남편은 1남 4녀의 독자인 막내로서 자기중심적이고 책임감이 부족하며 인생을 즐기는 유형으로 술과 여자, 취미생활에 치중하였다.

부인은 남편에 대한 실망과 상처를 표현해보았지만 달라지지 않았다. 성장하면서 섭섭함과 상처를 제대로 표현하지 못하고 책임감이 강한 장녀로 살아왔듯이 남편이 주는 상처를 삭히며 자식 양육에만 매진하였다. 아이가 반듯하게 잘 성장하며 영재소리를 들으며 군계일학이 되어가는 것이 최고의 기쁨이었다. 이웃과 선생님들에게도 성심껏 대하여 좋은 평판을 받아왔다. 미운 남편이지만 시부모님께도 그들이 미안할 정도로 봉양을 잘하였다. 아들에게는 좋은 아버지의 이미지를 심으며 아들이 신경 쓰지 않고 공부에만 집중하도록 배려했다.

이러한 부인이 이혼을 결심한 이유는 아들이 사춘기가 되며 아버지의 문제를 알게 되고 반항하게 되었고, 남편은 이러한 아들에 대해 분노하고 공격하기 시작했기 때문이었다. 합의이혼을 반대하는 남편과 시댁 식구들에게 부인은 그동안 남편이 얼마나 가정에 불성실했었는지에 대한 증거 자료들을 보여주며 단호하게 대처했다. 착하고 연약한 여자로 알았던 시댁 사람들은 당황하였고, 양육권만 원하는 본인의 요구대로 합의이혼을 하였다.

직장을 나가면서도 입안의 혀처럼 아이가 불편하지 않게 최고의 엄마 모습을 이어나갔다. 친구가 중요하다고 생각하여 의도적으로 공부 잘하고 인성이 좋은 아이들을 가까이 하게 해주었고, 학교 옆으로 이사하고 과외도 시키며 1등급의 성적을 유지하도록 하였다. 가장 어렵다는 대학을 염두에 두면서는 절에 자주 가서 108배를 하며 부정을 타지 않도록 몸가짐을 조심했다. 무엇을 하더라도 아들이 선두에 서지 않으면 찝찝하고 불안했다. 아들은 바라던 대학, 원하던 학과에 입학하였다. 군대를 다녀오고 졸업 후 최고의 기업에 취직을 하는 아들을 보며 자신은 정말 행복하다고 믿어왔다.

아들이 좋아하는 여자가 생겼다. 그런데 아들에 비해 격이 좀 떨어져 실망하였다. 평생 엄마밖에 모르던 아들이 여자에 빠져 행복해하는 모습을 보면 흐뭇하면서도 섭섭한 마음이 들었다. 항상 나갈 때 엄마에게 하던 스킨십도 하지 않고 필요한 거 없는지 물어봐주던 전화도 뜸하며 자신에게 눈을 잘 맞추지 않는 아들을 보며 상실감으로 너무나 허전하였다. 아들과 결혼한 며느리는 순종적이지 않고 기가 세어 착한 남편을 주무르며 사는 것 같아 화병이 생길 정도로 답답하다.

갱년기가 겹치면서 우울해졌고, 자궁암이 발생하여 자궁적출 수술을 받았으며, 병원에 올 때는 삶에 의욕이 없는 상태였다. 우울증은 오래전부터 있어왔으나 자신의 감정은 사치라고 여기며 억제해왔던 것이다. 이 부인은 그동안 여성으로서 기쁨은 거의 누리지 못했고 모성의 역할에만 헌신해왔다. 이 또한 훌륭한 삶이었지만 그동안 너무 자신을 돌보지 않았다.

우울증은 내 마음과 몸이 이제는 자신을 돌보아달라는 의미일 것이라고 말씀드렸다. 우울증의 경우는 긍정적 생각을 아무리 하려고 하여도 우울한 기분이 해소되지 않으면 비관적인 생각에 사로잡힐 수밖에 없다. 그러니 약물치료를 통하여 기분을 결정하는 세로토닌 등의 신경전달물질의 이상을 교정하는 작업이 꼭 선행되어야 한다.

이분도 기분이 바닥에서 좀 회복이 되니 자신의 과거를 돌아보고 미래를 내다보는 여유가 생겼다. 불행했던 결혼 생활을 유지하기 위해 아들의 양육에만 너무 집착하여 개인의 삶에 너무 의미를 두지 않았음을 깨달았다. 이제 자신의 남은 인생에서 엄마뿐 아니라 한 여성으로서 또 사회적 자기실현을 하는 한 사람으로서 살아보고 싶다고 말하였다. 이제 지금이라도 자신의 인생을 다시 짜보겠다며 밝아진 모습이었다.

그녀의 아들

그녀의 등불인 이 아들 A는 '엄친아'라고 할 수 있다. 엄친아가 되려면 아이들은 만족 지연의 훈련을 마스터해야 한다. 즉 놀고 싶은 것을 잘 참는 능력이 만들어지는 것이다. 쾌락을 지연시킬 수 있는 습관을 형성시키려고 어머니는 엄하게 양육하기도 하였다. 다정한 베이비케어의 엄마 역할과 냉정한 훈육자로서의 아빠 역할까지 하였는데 대개 엄마 혼자 북 치고 장구 치는 경우에는 이렇다.

그렇다면 아들은 이런 엄마를 어떻게 보았을까. "커가면서 어머니가 너무 공부, 공부 하니까 반감이 생기기도 했어요. 하지만 어머니의 얼굴을 보면 차마 친구와 놀고 오겠다는 말을 못 했어요. 엄마는 친구들도 안 만나고 즐기지도 않았는데 불행해 보였어요. 내가 그런 엄마를 실망시켜드릴 수는 없었어요, 절대로."

이러한 아들들의 심리를 스케치해보는 것 어렵지 않다. 대개의 경우 자존심 강하고 지기 싫어하며 그만큼 지적 기능이 받쳐 주므로 성공한다. 또한 마음은 약한데 개인주의라 이기적으로 보일 수 있다. 이런 모습은 감정 표현이 너무 절제, 억제가 되어 온 결과이기도 한다.

이 남자는 화를 잘 내지 못할 가능성이 아주 높다. 감정 억제를 하다 보면 터뜨리는 것은 파국을 초래하는 것으로 인식하여 두려워한다. 아버지 때문에 불행해 보이는 엄마의 눈치를 보며 엄마를 웃게 하기 위하여 일등을 하였을 것이다.

부부 사이가 좋게 보이려 애썼지만 이미 아들은 알고 있었다.

엄마의 낙이 자신밖에 없다는 사실은 아이를 행복하게 할까? 엄마의 불행이 자기 때문이라고 생각하여 아이는 죄책감을 갖는다. 그리고 집안의 긴장은 파국에 대한 두려움을 가지게 하였다. 자신이 공부에 실패하여도 그 파국이 올 것이라고 긴장한 아들의 내면에는 항상 불안이 자리 잡고 있었다.

엄마를 의지하며 사랑하고 미안하고 두려워하는 아들과 엄마의 관계는 캡슐처럼 강한 합체이다. 절대 멀어질 것 같지 않은 이 결합(bonding)이 크게 위협을 받는 날이 온다. 바로 아들의 여자의 등장이다. 누구든 사랑에 빠지게 되니 그녀의 아들도 예외는 아니었다.

그런데 엄마만 바라보던 이 남자는 어떤 여성을 선택하게 될까. 많은 경우 엄마가 반대하는 여성과 사랑에 빠지게 된다. 이것은 영화나 드라마에서 흔히 보는 시추에이션이다. 갈등과 재미를 위한 픽션의 작위적인 스토리 같지만 정신분석적으로 이러한 아들의 선택은 의미가 있다.

아들의 이상형은 어머니라고 하지 않는가. 그래서 이 마마보이는 엄마를 닮은 여성에게 끌려 결혼한다. 아니 의지를 시작한다. 엄마를 걱정하지만 엄마로부터 벗어나고 싶은 아들의 잠재의식은 엄마 같은 여성으로 엄마를 대체한다. 이 기가 센 여성은 남편의 우유부단함을 보완해주고 불안을 없애준다.

하지만 비슷한 두 여인은 한 남자를 사이에 두고 전쟁을 시작하게 되었다. 어머니를 뵙고 온 날에 꼭 이어지는 아내의 불만, 흉을 보는 말들이 아들은 듣기 싫다. 또한 어머니로부터 듣는 '네 아내는…'으로 시작되는 불만도 괴롭다. 하지만 그녀들에게 어떤 주장도 강하게 하지 못한다.

마마보이와 공처가가 되어버린 이 남자는 두 여인을 화병으로 만들지만 그 자신도 마음에 화가 쌓인다. 착한 남자로 살며 분노를 억제해왔기에 결국은 폭발하기도 한다. 유약한 남자들에게 용기를 불어 넣는 酒님의 효과이다. 지킬 박사에서 하이드로 달라지면 폭언과 폭력도 동반하므로 결혼 생활은 위기에 이른다. 착한 남자의 알코올성 폭력으로 내원하는 그의 아내가 "저희 남편은 엄마밖에 몰라요."라고 표현하는 경우는 이러한 스토리이다.

엄마의 불행에 연결되어 평생 눈치를 보며 엄마 손을 놓지 못하던 아들이 결혼하여 고부간의 갈등 중간에서 알코올, 폭력, 이혼으로 이어지는 불행한 사연들을 많이 접하여 왔다. 이런 어머니와 아들을 상담하고 치료하면서 남편의 무관심이나 학대는 여성을 우울하고 불행하게 만들고 아들에 대한 집착으로 이어지는 것을 보았다.

일본의 정신과 의사인 사이토 사토루는 알코올중독과 가족 폭력에 대한 치료와 연구를 해오며 『우리 가족은 정말 사랑한 걸까』라는 책에서 이를 '모자캡슐'이라고 표현하기도 했다. 저자는 알코올중독과 가족 폭력에 대한 수많은 사례를 치료해온 가족치료

전문가이다. 이 책에서 '끈끈한 결속인가, 병적 의존인가'라는 질문을 통하여 가족의 사랑과 헌신으로 포장된 가족애의 그늘진 이면을 말하고 있다. 많은 부분에 공감한다.

● 엄마를 폭행하는 엄친아

모자캡슐은 마마보이를 만들기도 하지만 부모를 폭행하는 아들을 만들기도 한다.

아들 B는 아들 A 못지않은 잘난 엄친아였다. 엄마 B는 남편의 무관심과 외도에 마음의 병이 들었으나 아들의 육아에 정성을 쏟으며 잊으려 했다. 자립형 사립고등학교에 진학한 아들은 기숙사에 있는 것을 힘들어해서 집에서 통학하게 되었다. 그러다 아이가 같은 반 아이를 연필로 찍고 옥상에 올라가 자살 소동을 벌인 사건이 갑자기 터졌다. 얌전한 아이였기에 학교는 발칵 뒤집혔고 엄마의 충격은 더 컸다.

그냥 예민하여 누구와 같이 방을 쓰는 것이 불편한 것이리라 여겼었는데 사실 B의 내면에는 심각한 일이 이미 진행되고 있었다. '저 녀석들이 모두 짜고 나를 괴롭히는 것이 틀림없어. 아까 보였던 한 애의 나를 비웃는 눈빛도 그렇고, 같은 방 아이가 휴대폰을 들여다보며 웃는 것도 저희들끼리 짜고 나를 괴롭히는 거야. 그래. 나 하나 없어져주면 될 거 아냐. 하지만 복수는 해줄게.' 피해망상에 빠지게 되면 모든 상황과 반응들이 자신의 생각에 확신을 심어준다. 망상은 어떤 설득에도 달라지지 않는 잘못된 믿음을 보이는 정신질환이다.

아이는 고등학교에 들어간 이후 모두들 중학교에서 공부 잘하던 수재들이라 성적이 기대에 못 미쳤다. 엄마의 실망에 좌절한 아이는 더욱 자신을 다그치며 더 열심히 공부하였다. 피가 마르듯 갈수록 긴장이 높아지며 친구들의 책장 넘기는 소리에 초조해지고, 아이들이 소곤거리면 못난 자기 이야기를 하지 않는지 신경이 곤두서게 되었다. 내성적이고 소극적이던 아이 옆에는 친구들도 없어 그 단절의 벽은 더욱 높아지고 피해의식에서 피해망상으로 굳어지게 되었던 것이다.

"고민을 말할 친구가 없었다면 엄마에게 왜 털어놓지 않은 거니?"

"말씀드리면 엄마는 쓰러지거나 흥분하여 학교로 달려와 시끄러워지게 되었을 거예요. 언제부터인가 엄마에게는 고민이 있어도 말하지 않게 되었어요."

어떤 생각이 스쳐서 엄마 B를 면담해보니 그녀는 '전환 장애'가 있는 것으로 보였다. 전환 장애는 심리적인 갈등이나 부담으로 몸이 마비되거나 운동 기능과 감각 기능에 이상이 생기며, 심한 경우에는 경련과 발작까지 일으키는 질환이다. 히스테리성 운동 기능 이상이라고도 하는데 엄마 B는 아이가 어릴 때부터 아이 앞에서 몸의 마비를 일으키며 쓰러져 왔다. 주로 아버지의 무관심과 실망감으로 인한 극심한 감정 반응을 보이며 나타나는 요란한 사건이었고 아이에게는 엄청난 충격이었다.

아이는 엄마의 마비가 오지 않도록 엄마를 만족시켰고, 항상 긴장과 불안이 가득한 성격이 되어갔다. 그러나 커갈수록 엄마의 증상에 별로 놀라지 않게 되었는데 엄마가 자신을 조종한다는 느낌이 들었기 때문이었다. 엄마의 마비는 꾀병이거나 쇼는 아니다. 하지만 남편과 아들의 관심을 끌고 자신의 마음을 알아달라는 잠재의식적인 아우성의 결과로 나타난 증상이다.

아이의 망상은 대학병원에서의 약물치료로 호전되었으나 자퇴를 한 뒤 방에서 게임을 하며 나오지 않았다. 엄마가 아이에게 실망하여 우울해하거나 흥분하면 아이는 폭력을 휘둘렀다. '자신에게 이제 기대하지 말라. 이제 내가 하고 싶은 대로 할 테니 간섭하지 말고 내 앞에서 또 쓰러지지 말라'고 하며. 아이러니한 것은 아이로부터 폭력을 당하면서 어머니의 전환 증세가 없어졌다는 것이다. 이런 상황에서 소개를 받고 병원에 온 것이었다.

아이는 성장 과정에서 어머니의 작품이 되기 위해서 많은 욕구들을 참아왔다. 욕구불만은 분노를 만들지만 표현하면 어머니가 쓰러지거나 부모가 이혼하여 가정이 깨어질 것 같아 참아온 것이다. 분노가 터질까 두려워 감추고 살아가는 사람은 들키지 않으려고 타인들에게 너무 주눅이 들고 예스맨이 된다. 거절을 못 하고 화를 못 내는 사람이 된 것이다. 아이 B가 자신이 한심하여 스스로에게 분노를 터뜨리는 모습이 자해나 자살이다. 이렇게 된 것이 어머니 때문이라는 분노는 그녀가 자신에게 수치감을 줄 때 폭발하게 되었고, 한 번 무너진 둑에서 엄청난 원한이 계속 쏟아져 나왔다.

어머니 B에 대한 치료도 병행이 되었다. 그녀의 전환 장애의 씨앗은 성장 과정에 있었다. 부자이지만 권위적이고 엄한 아버지와 자주 아픈 병약한 어머니의 가정은 여자아이에게 안락한 천국이 아니라 항상 긴장해야 하는 지옥이었다. 이러한 남편을 힘들어하던 어머니 B의 어머니는 우울한 마음이 신체의 병약함을 만들어 자주 아팠다. 돌봄을 받기보다 어머니를 돌봐야 했던 아이(어머니 B)는 항상 눈치를 보며 어머니가 자신을 떠나가지 않을까 두려워했다.

가장 심각한 문제는 엄마는 딸을 귀여운 인형과 자신을 간호하는 간병인으로 키웠고 제대로 사랑을 주지 못했다는 것이다. 이렇게 성장한 딸은 아버지와 반대로 보이는 다정한 남성을 택했으나 그는 집에 있지 않았다. 어머니 B는 아들 B에 올인하였으나 제대로 사랑하는 법을 몰랐다.

그녀가 아들과 회복하려면 아니 불행에서 빠져나오려면 자신의 진짜 감정과 직면해야 한다. 그녀는 자신 안에 있는 슬프고 가련한 여자아이를 보지 않으려 하였다. 차라리 우울증에 빠지는 것이 관심을 끌기 위한 미숙한 전환 장애보다 자신에게 솔직한 감정 반응일 것이다.

실제로 여성 B는 자신의 성장 과정과 결혼 생활을 치료자와 같이 들여다보다 많이 울고 우울해졌다. 그러나 우울증 치료 이후 현저히 좋아져 남편에게 자신과 아들을 위해 노력해달라고 쓰러지지 않고 강력히 요구하였다. 아버지의 역할보다 재미를 좇는 아이 같았던 남편은 문제의 심각성을 깨닫고 달라졌다. 아들과 같이 병원에 오기도 하고 낚시도 다니며 아들과 친해졌다. 아들은 부모의 변화와 더불어 상태가 좋아져 표현을 잘하고 아주 밝아졌다. 모자가 공통적으로 달라진 것은 감정 표현을 자연스럽게 잘한다는 것이다.

● 매 맞는 아이들

최근 입원 치료를 받은 알코올중독 환자들을 대상으로 '직업군에 따른 음주 실태'를 조사했을 때 남성의 경우 자영업이 34%로 가장 많았고, 여성은 주부가 67%로 집계됐다. 놀라운 결과이지만 나의 경험으로 보면 여성 주부들의 음주가 심각한 수준에 이른 것은 10여 년이 더 된 것 같다.

직장 여성들이 남성들의 회식 문화에 동화되면서 여성들의 과음과 폭음은 일반화되기 시작했다. 그런데 알코올 의존으로 입원하는 주부들이 많아졌다는 것은 술에 관대해진 문화 이외에 또 다른 심각한 문제가 있다. 우리나라 주부들의 정신 건강이 열악하다는 것이다. 육아, 결혼 생활, 고부관계, 경제적 곤란 등의 스트레스를 겪으며 마땅한 해소 방법이 부족하다는 것이다. 50대 이상의 중·장년층 여성들은 어떤 곤경에도 무너지지 않고 말뚝 박은 자리를 지켜왔던 억척녀들이었다. 지금의 30, 40대들에게는 그러한 인고를 요구하기도 곤란하고 받아들이지도 않을 것 같다. 높아진 이혼율과 늘어난 여성 알코올중독자는 우리 시대의 가정에 심각한 일들이 벌어지고 있다는 증거일 것이다. 엄마들의 알코올중독이 늘어나고 있는 것이 심각한 또 하나의 이유는 술에 취해 아이들에게 폭력을 행사한다는 것이다. 주부의 우울증과 알코올문제는 그녀들이 힘들다는 증거이지만 아이들을 때리는 것은 일말의 동정의 여지가 없다. 아이가 자신이 양육한 소유물이니 어떤 체벌이든 훈육이라고 주장하는 것은 중대한 착각이다. 기분에 따라 만만한 아이들을 함부로 대하는 것은 쉬운 일이고 괴로움을 이기려고 술에 손을 뻗는 것은 더욱 쉬운 일이다. 들썩거리는 감정기복이 우울증임을 의심해보고 치료를 결심하는 것은 어려운 일이다. 술 취하여 흐트러진 모습을 아이들에게 보여주는 것이 싫어 단주를 시작하는 것은 물론 어렵다. 어려운 길을 포기하고 쉬운 방법으로 살아간 것임을 깨달아야 한다. 자신들의 감정에 휘둘려져서 아이들의 몸에 피멍이 들게 하는 것을 보면 정말 화가 난다.

2013년 10월, 울산에서 소풍을 보내달라는 초등학교 2학년 여자아이가 새엄마의 구타로 인해 사망한 '서현이 사건'이 발생했다. 직접 사인은 구타로 인해 부러진 갈비뼈가 폐를 찌른 것인데, 새엄마가 아이를 수년간 잔인하게 학대한 사실이 밝혀지며 모두에게 엄청난 충격을 준 사건이었다.

평소 학교에도 자주 나가며 열성적인 엄마로 보여왔던 이 새엄마는 훈육 중에 일어난 우발적인 사건이라고 부인하였지만 살인 피의자로 구속되었고, 아이의 아빠도 살인 방임죄로 불구속 입건되었다. 검찰은 엄마가 3년간 아이에게 화상, 골절, 수많은 구타와 증거 인멸을 시도했다며 살인죄로 사형을 구형하였고, 항소심 판결에서 재판부도 살인죄를 적용하여 징역 18년을 선고하였다.

"네 가냘픈 몸의 멍을 보면서도 우린 바보처럼 눈감고 있었구나."라는 어떤 SNS의 표현처럼 온 국민이 치를 떨었고, 밝고 착했지만 잔혹한 엄마의 학대로 숨져 하늘나라로 간 서현이에게 미안해했다.

아동 학대는 가해자가 부모인 경우가 대부분이다. 학대의 흔적이 보이면 신고해야 하지만 훈육이라고 강변하는 부모이기에 쉽지 않다. 적극적인 제재 방법이 없던 경찰은 서현이 사건으로 인해 '아동학대범죄의 처벌 등에 관한 특례법'이 만들어진 이후 긴급 임시조치를 할 수 있게 되었다. 부모의 폭력에 시급한 조치가 필요하다고 판단되면 법원의 판결이 나오기 전에 폭력 부모가 일정 기간 아이에게 접근하는 것을 금지할 수 있게 한 것이다. 하지만 어린 아동의 보호자인 부모를 계속 떼어놓을 수는 없는 것이고, 사회가 가정과 양육자의 마음을 규제할 수 없기에 근원적인 해결책은 없다고 본다.

가장 답답한 문제는 가해자인 부모 자신도 그 훈육이 학대임을 깨닫지 못한다는 것이다. 설혹 자신의 기분대로 심하게 아이를 다뤘음을 인정하여도 왜 그렇게 심하게 징벌했는지 잘 모른다. 아동 학대의 문제에 대한 미국, 일본, 우리나라의 통계조사를 보면 그 요인들이 비슷하게 나온다. 경제적 곤란, 알코올 의존, 부모의 성장 과정에서의 피학대 경험, 이혼이나 별거 등 결손가정, 그리고 우울증 등의 정신질환이 부모가 아이를 학대하는 요인들로 작용하는 것이다.

가정의 많은 불행과 상처들이 대를 이어 전해지는 과거의 어두운 그림자의 영향을 받는다. 알코올 의존이나 우울증으로 인한 아동 학대는 부모의 치료를 통하여 예방될 수 있다. 또한 알코올과 우울증의 원인이 되었던 부부 갈등, 고부 갈등도 달라진 정서와 소통의 태도로 노력하면 수습이 되고 회복될 수 있다.

● 엄마를 떠나지 못하는 아들

'캥거루족'이란 용어가 있다. 자립할 나이가 되었음에도 취직하지 않거나 취직하여도 독립하지 않고 경제적으로 부모에게 의존하는 20, 30대의 젊은이들을 지칭한다. 가장 문제가 심각한 경우들은 사회생활을 하지 않거나 못 하여 스스로를 격리시킨 젊은이들이다. 이른바 '은둔형'인데 방에서 나오지 않으니 가족들과도 벽을 쌓는 것이다.

엄마의 아기주머니에 다시 들어가 나오려 하지 않는 캥거루의 사례를 보자. 50대 여성 C가 아들의 문제로 찾아와 3년째 방에서 은둔생활을 하는 서른 살 아들 C의 사연을 말하며 한숨을 연이어 내쉰다. 아들 C가 군대를 제대하고 취업 삼수까지 한 뒤 어렵게 직장에 들어갔을 때 엄마는 세상을 다 얻은 듯 기뻤다. 아들은 공부를 잘하였고 반장도 여러 번 할 정도로 리더십도 있는 아이였다. 그런데 아들이 고등학교에 들어간 후 성적이 떨어지며 반 아이들과도 잘 어울리지 않아 엄마의 걱정이 시작되었다. 선생님이 상담을 하면 아무 문제가 없다며 속마음을 말하지 않았다.

그 무렵 아들은 결벽증이 심하여 씻는 시간이 아주 길어졌고,

시험공부를 하면서 석연치 않는 느낌이 들면 안심이 될 때까지 그 부분을 반복하여 진도를 나가지 못하였다. 어떤 생각과 걱정에 꽂히면 거기서 빠져나오지 못하게 되는 강박증이었다. 아들은 아버지를 닮아 내성적이고 고집이 세며 자신의 원칙을 고수하는 성격이었다. 고민과 불안이 산처럼 많으면서도 엄마 이외에는 어떤 도움도 거부하는 경직된 아이를 보면서 엄마는 마음을 졸였다. 그래도 아들은 자존심이 강하여 어찌어찌 힘든 시험들과 과정을 거쳐 대학도 졸업하고 군대도 힘들게 다녀왔다.

"인정을 받기 위해서 열심히 했어요. 시키는 일은 정확하게 해야 하니 엄청 신경을 썼고 열심히 한다고 인정도 받았어요. 그런데 회사에서 이런 일뿐 아니라 상사나 선배를 대하는 것이 너무 신경이 쓰여 힘들었어요. 회식 자리가 싫은데 안 가면 불이익을 주고, 개인적으로 친해지지 않으면 상대를 안 해주고 따돌렸어요. 그런 회사에 있기 싫어서 그만두었어요. 저와 잘 맞는 회사를 찾아 들어갈 겁니다."

아들은 회사를 계속 찾고 있다지만 직장생활을 할 마음이 없어 보였다. 본인은 자신의 진심을 눈치 채지 못하고 있지만….

아들 C는 강박증 이외에도 대인불안증이 있다. 사람들과 같이 있을 때 긴장을 하며 더불어 있는 것을 기피한다. 불편하지만 다른 무리와 어울릴 수 있도록 노력해야 하는데 C는 자신의 방으로 들어가 버린 것이다. 익숙하고 자신이 제어할 수 있는 편안한 곳인 자신의 방에만 있으려 한다.

그만의 공간에 입장이 허락되는 것은 엄마밖에 없다. 엄마는 아이가 어릴 적부터 어떤 요구를 하여도 다 들어주었다. 아이가 세상의 틀에 자신을 맞춰야 할 필요가 없었다. 유연하지 못했던 성격은 상대의 입장이 되어 생각해보지 못하는 유아독존이 되었다. 세상이 자신을 버릴 것이라고 여기고 자신이 먼저 세상을 버린 C 곁을 엄마가 지켜주고 있다.

아들이 세상으로 나아가길 기다리던 엄마도 갈수록 괴팍해지고 의심하며 폭력적이 되어가는 아들이 정상이 아니라고 인정하였다. 아들을 폐인으로 여기며 정신병원에 강제로 입원시키려고 하는 남편을 막으며 아들을 보호하던 엄마는 이제 아들의 통원 치료를 위해 설득하고 빌며 애가 닳고 있다.

우선 의사를 경계하며 방어하는 불신덩어리의 이 젊은 친구와 치료적 관계를 만들어야 했는데 무척 힘든 과정이었다. 극단으로 치달으면 분노가 가족이나 자신에게 폭발할 수 있으니 의심과 폭력성이 우선 줄어들어야 한다. C의 생각을 묶는 사슬인 대인불안증과 강박증이 헐거워진다면 좁은 방을 벗어날 수도 있을 것이다. 그리고 타인의 입장이 되어볼 수 있는 역지사지의 마음과 사람을 믿어볼 수 있는 신뢰가 만들어져야 한다. 이 순서는 성장 과정의 정신 발달 단계의 역순으로서 영·유아기에 형성되는 타인에 대한 기본적 신뢰가 마지막이다. 마지막에 해결되는 가장 중요한 치료 과제가 영·유아기의 발달 과제인 사람에 대한 '믿음'의 회복이다. 정신 발달 중 구강기(0세~2세)와 항문기(3세~4세) 단계에서 고착된 아이는 의존성과 의심(강박)의 굴레에 갇혀버렸기 때문이다.

모자 관계에서 어머니에 대한 치유

엄마 스스로 불행에서 빠져나와야

주부 여러분들에게 힘이 되는 것은 아무것도 없다는 생각으로 나락에 떨어지는 마음일 때가 있을 것이다. 엄마보다는 친구들과 휴대폰을 더 가까이 하는 아이들, 배려보다는 자신의 방식만을 고집하며 상처 주는 말을 쉽게 하는 남편, 많은 시간이 지났어도 내 남편의 부모님과 내 아이들의 조부모로만 느껴지며 자신을 밀쳐내는 시부모님이 자신의 가족이라면 그렇다. 자신이 가장 불행한 것 같고 하루하루가 지옥 같은 날들로 다가온다.

이런 엄마들은 자신이 우울증이 아닐까 고민하다 어렵게 병원을 찾아온다. 우울증은 치료를 받으면 좋아지기에 아이들에게 폭발하지 않는 자신을 보며 너무 신기해한다. 우울증은 허전함이나 무기력함, 비관적이고 부정적인 생각, 식욕 저하나 폭식, 불면증이나 과면증을 보이고 다 무의미하니 자살 같은 극단적인 마음을 갖게 된다. 또한 짜증을 내고 까칠하며 사소한 일에 폭발하는 것도 우울증의 모습이라는 것을 특히 여성들이 꼭 아셔야 할 사실이다.

우선 엄마가 그녀 자신의 불행에서 빠져나오는 노력을 해야 한다. 위 사례들의 여성들도 그동안 너무 힘들었다며 이젠 행복해지고 싶다고 하였다. 가장 사연이 많고 힘든 주부(아내, 어머니, 며느리)가 정신과에 가장 많이 내원한다. 안타깝지만 한편으로 무척 다행이라고 생각한다. 이분들은 "내가 누구 때문에 이런 세월을 살았는데 왜 피해자인 제가 정신과에 와야 하나요?"라며 억울해 한다. 이럴 때는 도움이 필요한 위기 상태인 사람은 당신이기 때문이라고 말씀드린다.

"만약 아이들 걱정으로 온 것이라 해도 엄마인 당신이 우선 변해야 합니다. 지금보다 훨씬 행복해져야 한다구요. 아이는 엄마의 칭찬을 먹고 자라지요. 또한 행복한 엄마를 보며 삶의 긍정성을 배워야 합니다. 엄마의 불행은 아이의 등에 모래주머니를 얹게 하는데요, 이 무게는 아이에게 삶의 무게가 되고 원인 모를 죄책감을 만드는데 어떻게 하실 건가요? 그러니 당신이 망설이다 정신(건강의학)과에 온 것은 최고로 잘한 일입니다."

엄마 자신이 불행에서 벗어나는 것이야 모두 원하지만 쉽지 않은 것이 문제다. 먼저 '남편과 시어머니 등 그 사람들이 변하지 않으니 어떤 변화도 소용이 없다'고 믿는 주부들의 고정관념이 첫 번째 언덕이다. 주위 상황의 변화 없이 상담과 항우울제의 도움만으로도 가족들의 똑같은 모습에 대처하는 자신의 마음이 달라진다.

그녀들은 이러한 변화에 기뻐하며 한숨을 돌리지만 다음은 남편의 태도를 바꾸어야 하는 데 난감해한다. 그녀들 중에는 결연한 의지를 보이는 사람도 있고 불안해하며 엄두를 못 내는 사람도 있다. 특히 남편과 같이한 세월의 대부분이 폭력과 함께였다면 그 남자는 달라질 수 없다는 부정적 확신을 가지고 있다. 방관자인 남편을 고민하는 아내들 또한 마찬가지이다. 같이 살아봐서 그 사내의 속내를 다 알고 있다고 여기기에 그럴 것이다. 이런 경우 정신과 의사의 적극적인 개입이 필요하다.

아버지의 손이 엄마를 잡아야

사실 정신과 의사들의 성격과 치료 원칙에 따라서 개입의 정도가 다르기도 하다. 나도 전문의 초기에는 '정신과 의사가 몇 마디 한다고 달라질 남편이었다면 벌써 달라졌겠지' 하며 비관적인 생각을 가졌었다. 남편과 같이 방문하기를 부인에게 부탁하지만 의사가 남편에게 직접 전화를 하는 것도 좋다고 본다. 부인의 불행에 남편을 가해자인 것처럼 대하는 것은 피해야 할 것이다. 아이든 어른이든 변화를 주문할 때에는 우선 그들의 이야기를 들어주고 공감해주는 것이 중요하다. 나름대로 고충과 이유는 누구에게

나 있기 때문이다. 이렇게 같이 방문하도록 한다.

부부와 아이가 같이 가족 상담을 하는 경우, 가족들은 아버지의 말을 들으며 두 가지 반응을 보인다. 첫째는 '그러면 그렇지'인데, 예상했던 모습을 아버지가 반복하기 때문이다. 정작 가장들은 아내와 아이들의 모습에 자신이 얼마나 화가 났는지를 역설한다. 평소 술에 취하면 나오는 레퍼토리로 자신의 입장에서 보아온 것들을 강변하는 것이다.

둘째는 '아버지가 저런 생각을 하고 계셨어?' 하며 놀란다. 아이의 적응장애 문제로 같이 왔었던 아버지의 말이 기억난다.

"아이가 말이 없고 나를 피하는 것이 답답하고 마음에 들지 않았는데 가만히 생각해보면 아버지인 나 때문인 것 같아 미안한 생각도 들었지요. 평소에 바쁘다는 이유로 늦게 들어와 아이 방에 들어가 보고 싶어도 할 말도 없고 해서 안 했지요. 그러다 술이 한잔 들어가면 하고 싶은 말이 왜 그렇게 많은지…. 이 녀석은 아빠가 술 먹고 말하는 걸 무척 싫어해서 더 역효과였던 것 같아요. 아이의 말을 많이 들어주기보다 내가 하고 싶은 말을 쏟아내었지요. 내가 자랄 때 아버지로부터 다정한 말을 들어본 적이 없어요. 그래서 아들과 대화를 시작하기가 어렵더군요."

모자간의 캡슐을 해결하기 위해서는, 모자간의 지나친 결속과 집착으로부터 아이를 구해내기 위해서는 아버지의 역할이 꼭 필요하다. 아버지가 아들과 소통이 된다면, 부자 관계에서 언급한 것처럼 부자유친이 된다면 모자 관계뿐 아니라 부부 관계까지도 개선되는 것을 볼 수 있었다. 방관자나 학대자로서 아내와 아들과 삐딱하게 나가던 아버지를 엄마와 아들 사이에서 잘 자리 잡게 한다면 가내 평화의 좋은 구도가 나온다.

속내를 털어놓는 아버지가 낯설겠지만 아버지들은 대체로 단순하다. 옳고 그름의 문제가 아니라 공감과 태도의 문제임을 모르는 경우가 많다. 그래서 가족 관계의 문제는 대화의 공간을 옮겨보는 시도가 의미 있다. 뻔할 것 같던 아버지가 진료실에서는 뻔하지 않은 이야기를 할 수 있다.

"아이를 안는 팔 힘은 그녀를 안는 남편의 팔 힘에 좌우된다."고 사이토 사토루는『우리 가족은 정말 사랑한 걸까』에서 표현하였다. 모든 것을 압축해서 설명한 적절한 표현이어서 탄복하였다. 아내가 남편으로부터 사랑과 배려를 받지 못하면 아이를 너무 끌어당겨서 자신의 불행에 반응을 한다. 아니면 아이를 너무 밀어내거나 학대하여서 남편의 학대에 반응을 하는 것이다. 남편의 손은 술병이 아니라 아이의 엄마를 다정하고 힘 있게 잡아야 하는 것이리라.

자신을 구원해줄 수 있는 것은 자신밖에 없다. 누구도 도와주지 않았지만 우울증이 치유되면서 느긋해지고 관대함과 긍정의 힘이 새록새록 솟아오르는 것을 느껴보자. 누구보다 내 아이들을 위해서, 아니 가장 소중한 자신을 위해서 이 변화는 꼭 필요한 것이리라. 가정의 중심에 있는 여성이 우울하면 모든 관계들이 뒤틀리고 건강하지 못하게 된다.

다시 한 번 강조하면 어머니 자신의 불행에서 빠져나오자. 깨닫기 위해서는 먼저 자신도 부모로부터 어떤 영향을 받았는지를 돌아보고 부녀, 모녀 관계를, 그리고 지금의 부부 관계에까지 이어진 자신의 불행을 본다. 이제 자신의 행복을 위하여 용기 있게 결정과 행동을 하시라. 남편의 문제(알코올, 방관, 직장 우선, 불통 등)를 교정하기 위해 남편의 협조를 구하고 자조 모임이나 상담, 치료를 적극 활용을 하자.

아들의 건강한 성인되기를 위해서 그의 독립을 위해 노력을 하자. 아들은 자신의 뒤에 있는 아버지와 자신의 곁에 있는 어머니를 떠나서 자신의 세대를 완성해야 한다. '세대경계'란 말이 있다. 부모 세대와 자식 세대 사이에 적당한 거리를 두며 그들의 역할을 완성하는 것이다.

아들은 어머니를 보며 자신의 내면에 여성성(아니마)을 만든다. 어떤 여성성일지는 어머니에게 달려 있다. 권위와 힘의 남성만이 아니라 부드럽고 원숙한 여성성으로 좋은 부부 관계를 유지하여 다정한 아버지가 된다. 그리하여 아들은 자신의 세대를 완성한다. 아들이 결혼한 후의 모자 관계는 또 다른 관계와 충돌하기도 하며 융화하기도 한다. 두 여자와 한 남자의 삶에 엄청난 영향을 주는 그 관계는 바로 '고부 관계'이다.

● 고부 관계

어머니인 그녀 앞에 자신처럼 시집와서 부대끼며 살아가고 있는 또 다른 그녀인 며느리가 있다. 처음엔 내 아들이 사랑하는 여자로서 내 앞에 왔을 때 내 딸처럼 여기고 예뻐해 주려고 했다. 그런데 과연 며느리가 딸처럼 여겨질 수 있는지 의문이다. 수십 년을 같이 부대끼며 살아가야 하는 가족이면서 성큼 서로 품기에는 공감이 부족하여 평행선을 달리는 것이 시어머니와 며느리이다.

어머니는 고부 관계와 모자 관계의 가운데에 있다. 그동안 문제가 없었던 모자 관계라 할지라도 아들의 결혼 이후 삐걱거릴 수 있다. 수많은 드라마에서 시어머니가 며느리에게 "네가 들어온 이후 집안이 시끄러워지고 아들이 달라졌어. 그렇게 착한 놈이었는데…."라는 류의 대사를 들을 수 있다. "내가 어떻게 키운 아들인데…."라고 애착이 너무 강하기 때문에 모자간에 다른 사람이 들어올 여지가 없고, 그런 상황이 되면 삼각관계가 되는 것이다.

정확히 말하면 이런 경우는 삼각관계가 아니라 모자로부터 부인은 조금 떨어져 있는 형국이다. 이러한 세 사람의 거리는 때로 달라지기도 하지만 부인의 결핍감은 지속된다. 그래서 예로부터 딸을 시집보낼 때 '벙어리 삼 년, 귀머거리 삼 년'으로 참고 살아 가라고 했을 것이다. 요즘 시대에는 이런 마음으로 결혼하는 여성들은 없을 것이다. 시집살이의 설움을 노래한 이런 구전 노래도 있다.

시집살이의 설움을 노래한 구전 노래에는 시아버지를 '호랑새', 시어머니를 '꾸중새', 시누이를 잘 토라지는 '뾰족새', 동서를 고자질하며 간사한 '할림새', 남편을 '미련새'라고 재미있게 표현하였다.

2012년에 방영된 TV 드라마 '넝쿨째 굴러온 당신'은 당시 45%의 최고 시청률을 기록한 국민 드라마였다. 능력 있는 고아를 이상형으로 꼽아온 커리어우먼 차윤희(김남주 분)가 완벽한 조건의 외과 의사 방귀남(유준상 분)을 만나 결혼에 골인하지만 상상하지도 못했던 시댁의 등장으로 생기는 파란만장 사건들을 유쾌한 웃음과 감동으로 그려낸 드라마였다. 좋은 드라마여서 흐뭇하게 지켜본 기억이 난다.

고아인 줄 알았던 남편에게 어릴 적 잃어버렸던 아들을 되찾은 시어머니가 '꾸중새'로 군림하여 차윤희의 시집살이는 시작된다. 이뿐 아니라 보통이 아닌 '뾰족새'의 세 시누이들까지 포진한 시월드에 내 생에 시집살이는 없다고 큰소리치던 영리한 커리어우

먼인 주인공이 입성한 것이다. 외국에서 자라 한국 물정에 어두운 순박남 남편은 영락없는 '미련새'가 맞다. 이 드라마를 보면서 우리의 며느리들은 윤희에게 박수를 보내며 며느리 역할의 팁을 얻기도 하였을 것이다.

이 '미련새'와의 사랑이 힘이 되어 차윤희는 정말 힘든 시집살이를 견디어내고 남편의 식구들을 자신의 가족으로 완성해낸다.

드라마적인 인위적 설정이 있지만 시어머니와 같은 여자로서의 공감대를 만들어내어 서로를 조금씩 인정하면서 품에 안을 수 있게 되었다. 인생 선배로서 시누이들의 인생 상담을 해주는 살가운 정을 내어준 것도 마음을 열게 한 이유가 되었을 것이다. 시어머니가 노할 때는 자신의 잘못을 인정하며 빌었고, 양보할 수 없는 것은 거센 압력이 들어와도 관철하였다.

시어머니는 산전수전 다 겪은 인생의 왕고참이다. 며느리는 시어머니를 초보 신참이 고참을 존중하듯 대하고 따르는 태도가 우선 되어야 한다. '잘못했어요' 한마디가 갈등을 풀어내는 시작으로 중요하다. 차윤희가 자신의 꿈과 생활을 희생하지 않으면서도 별난 새들과 더불어 잘 살아갈 수 있는 비결들이었다.

이렇게 고부 관계에서 며느리의 역할이 중요한 것처럼 시어머니의 노력도 아주 중요하다. 아들과 관계가 아주 좋았던 어머니였지만 며느리와 갈등이 시작되면 아들과의 관계도 틀어지고 악화된다. 모자 관계는 아들의 결혼 이후에 완성된다고 강조하고 싶다. 어머니, 아들, 며느리와의 삼각관계를 건강하게 유지하는 것이 멋진 모자 관계, 고부 관계이다.

창세기 2:24에 "…이러므로 남자가 부모를 떠나 그녀와 연합하여 한 몸을 이룰지어다."라는 말씀이 있다. 부모는 아들이 완전히 독립하여 서툴지만 자신의 둥지를 만들도록 아들의 손을 놓아주어야 한다. 아들이 초보 운전자이지만 부모는 나침반 역할만 하여야지 키를 잡거나 운전대를 잡아주면 안 된다. 시행착오를 겪으며 부모처럼 고참이 되는 것이기에 뒤로 물러서자.

서양 속담에 "어머니는 아기의 요람을 흔들 수 있지만 시어머니는 아들의 가정을 흔들 수 있다."는 말이 있다. 아들을 아직도 품 안의 자식이라고 여기고 뜻대로 하려는 마음을 경계하자는 뜻이다. 방귀남의 어머니는 사랑하는 아들을 며느리에게 보내고 두 사람을 존중하는 마음을 가질 수 있었기에 아름다운 가정을 만들 수 있었다.

● 애착에서 유연성으로

모자 관계는 가족 관계들 중에서 그 애착(cathesis)의 끌어당기는 힘이 강한 관계라고 하였다. 아들을 걱정하는 어머니의 주름진 얼굴에 가득한 모정은 모든 에너지 중 가장 강하고 뿌리가 깊다.

아들의 가슴에 어머니가 자리 잡는 사랑은 평생을 지속하는 그리움의 원형이다. 아들이 어머니를 생각하는 것보다 어머니가 아들을 사랑하는 것이 훨씬 강하고 한결같기에 내리사랑이다.

최근 아들이 군에 입대를 하였다. 아내는 식욕도 잃고 무기력하였다. 배가 고파 식사를 하면서 아들은 추운 전방에서 고생을 하는데 어미가 되어서 꾸역꾸역 밥이 들어가다니 미련하다며 스스로 자책하는 것이 아닌가. 과연 아내에게 이 정도로 애틋하게 할 수 있는 건 아들밖에 없다는 생각이 들었다.

여자의 일생에서 아들로 인해 고통을 견딜 수 있었고, 삶의 에너지가 솟아나는 어머니들을 많이 보아왔다. 또한 아들로 인해 속 끓이며 불행해지는 것을 보아왔다. 밉고 멀어서가 아니라 너무 뜨겁고 가까운 거리가 문제였다. 이렇게 여자의 일생이 아들에 너무 애착하며 속을 끓이는 것은 그녀의 옆에 살아온 남편의 책임이 아주 크다. 그녀를 안는 남편의 팔 힘이 너무 약하거나 아예 뻗지도 않았기에 그녀의 가슴은 시렸을 것이다.

모정은 여성의 차가운 시기를 따스하게 데운다. 그렇게 해서 살아나갈 수 있고 아들은 더욱 힘이 된다. 그렇지만 살아가다 남편의 역할을 기대하기 힘들면 여성 스스로 불행에서 빠져나와야 한다. 정신과 치료를 받게 되어 기분이 나아지고 느긋해지면 유연해진다. 남편의 한마디에 파르르 떨었던 여성이 파도가 칠 때 차분히 비켜서고 성난 남성을 유연하게 다루게 된다. 여성의 평균연령이 90세에 다가가는 지금 자기중심적인 남자들에 의해 나머지 인생이 불행해지도록 놔두지 말자. 자신의 과거에 자기의 삶이 없었고 현재가 힘들다면 주저하지 말고 상담과 치료를 시작하시길 바란다.

Chapter 6

사별을 겪는 가족,
죽음을 대하는 우리의 자세

아직도 하루를 시작할 때 아들의 사진을 보며 힘을 낸다는 그녀를 보며 자식과의 사별은 잊어야 한다고 부탁하는 것이 아님을 다시 깨달았다.

비극과 고통은 피할 수 없는 것이기에 그 과정에서 현재 삶의 의미를 찾고 긍정의 태도를 잃지 않고 혼자보다는 같이 손을 잡는 사랑으로 이 모든 것을 받아들이도록 노력하자. 그렇다면 난 우리의 삶에서 항상 죽음을 자주 생각하고 가까이 해야 한다고 말하고 싶다.

● 배우자와의 사별

노년기 부부의 사별

오랫동안 부부로 같이 살아온 은발의 두 사람이 두 손을 잡고 걸으며 두런두런 살갑게 대화를 나누는 광경을 본 적이 있다. 이 모습 하나로 두 사람이 많은 사건과 사연의 그 숱한 세월에 애환을 같이 나눈 오래된 동반자의 정을 느낄 수 있었다. 같은 날 동시에 세상을 떠나는 것이 이분들의 소망이겠지만 아마 먼저 떠나는 배우자를 남은 사람이 보내야 하는 애절함은 피할 수 없는 숙명일 것이다.

김목경 님의 노래 '어느 60대 노부부의 이야기' 노랫말에는 "다시 못 올 그 먼 길을 어찌 혼자 가려 하오. 여기 날 홀로 두고. 여보 왜 한마디 말이 없소. 여보, 안녕히 잘 가시게."라는 구절이 있다. 나의 어머니가 48년을 해로한 아버지를 보내면서 '잘 가시오'를 거듭 말씀하실 적에 이런 애절한 마음이셨을 것 같다. 모두 떠나가고 둘이 백발이 되면서 서로를 의지했었다. 오랜 세월 무던히 속도 썩히고 무심한 당신으로 인해 마음의 생채기가 있었다. 이제는 늙어서 다정해진 당신의 모습을 보며 '약해졌구나' 마음이 아프면서도 고마운 심정이다. 이제 이 빈집에 둘이서 오래 살아보려 했건만 이렇게 떠나가시오, 하는 현실을 읊조린다.

얼마 전 많은 이들을 감동시킨 영화 '님아, 그 강을 건너지 마오'는 잉꼬부부로 70여 년을 살아온 노부부가 삶의 끝자락까지 서로 깊이 사랑하고 사별에 이르는 모습을 잔잔히 보여주었다. 백발 머리에 꽃을 꽂아주며 예쁘다고 쓰다듬고 수줍어하는 은발 연인들의 오래되어도 빛나는 아름다운 사랑에 우린 감동했다. 님은 그 강을 건넜고, 이제 곧 따라갈 60대와 90대 노부부의 사랑과 사별 이야기는 모두 다 슬프다고 운다. 하지만 아름답고 부러운 해피엔딩이 아닐까. 피할 수 없는 사별을 이처럼 깊고 길게 사랑하다가 영감과 할멈의 손을 잡고 떠날 수 있음은 나름 그들의 복덕이기에 부럽다.

사별을 겪는 많은 분들은 노년기의 여성, 할머니들이다. 수십 년을 같이 살아온 영감을 먼저 떠나보내야 한다. 장기간의 병구완에 지치면 사별에 애달프기도 하지만 시원섭섭한 반응을 보이기도 한다. 수십 년의 동고동락은 참으로 많은 사연들과 애환들을 쌓아놓았다. 그립고 고마웠던 기억들이 있고 생각하면 밉고 원망스러운 기억도 있다. 심지어 끔찍하다고 고개를 저으며 영감을 떠올리기 싫어하는 할머니도 있다.

독재자 남편과 사별하고 혼자 남았을 때 힘들어하는 것은 남편 없이 어떻게 살아갈까 하며 세상이 두려워서이다. 평소 자기주장을 못하고 심리적으로 독립하지 못했던 병적인 의존이었다. 이런 분들은 영감님이 돌아가시면 화병 증세가 나타난다. 평소 감정 표현을 하지 못하다 무서운 남편이 없어지자 나타나는 것이다. 마음껏 표현하시도록 격려를 하고 필요하면 치료를 받게 한다. 그리고 이제라도 마음대로 사시도록 가족들이 도와드리면 많이 달라진 모습으로 활기차게 사신다.

평소 다정하고 애처가였던 분일수록 홀로 남은 아내의 상처는 더욱 크다. 기대던 언덕이 무너지니 불안하고 우울해지는 것이다. 하지만 평소 충분한 교감이 있었던 부부는 배우자의 사별 이후에 지극한 슬픔이 지나면 마음에 품고 배우자가 없는 현실에 적응을 한다. 뒤늦게 원망할 것도 없고 신세를 한탄하지도 않으며 혼자 남은 삶을 정리하듯 차분히 살아가는 분들의 모습은 부럽기도 하다.

대개의 우리 어머니들은 영감님 사망 이후에도 씩씩하게 잘 사신다. 어쩌면 그동안 자식들과 남편 때문에 누리지 못했던 자유를 늦게야 되찾는 것이리라. 복지관에 다니며 다양한 취미생활을 누리시고 친구들과 자유롭게 여행을 다니기도 한다. 짝을 잃었을 때 오래 살지 못한다는 보고도 있지만 우리나라의 여성들은 강하여 수십 년을 사는 모습이 다반사다. 그래서 노령사회에 진입한 우리나라는 홀로 된 노인들에 대한 사회복지가 점점 더 중요해지고 있다.

노년의 남성이 홀로 남게 되는 경우에는 생활의 불편으로 인해 무척 힘들어하고 보기에도 안쓰럽다. 그래서인지 영감님들의 5년, 10년 생존율은 할머니들에 비해서 아주 낮은 편이다. 이런 이유는 생활의 불편함보다 심리적 유연함의 문제인 것 같다. 할머니들은 상황에 따라 유연하게 대처를 하고 속내를 표현하여 풀고 잘 어울리며 잘 노는 편이다. 그러나 이러지 못하는 영감님들은 스트레스를 잘 처리하지 못하고 외로움을 많이 타며 우울증에 잘 걸린다. 강해보이는 남자들의 사별 후 생존율이 낮은 것은 우울증과 관계가 깊어 보인다.

노년 남성의 고민은 고독이다. 정점에 있던 50, 60대가 지나 퇴직 후 갑자기 역할 상실에 처하고 곳곳에서 소외당하며 자존감이 추락한다. 아내는 갱년기부터 공허함과 소외감을 홀로서기와 친구부대로 잘 극복해 왔다. 이에 비하면 밥도 하나 차려먹지 못하고 아내만 바라보는 노년의 남성들은 처량하기까지 하다. 이러다 아내가 먼저 떠나버리면 홀로 남은 해바라기 노인은 공황 상태에 빠지고 삶의 질은 처참하게 떨어진다.

그렇기에 노년에 들어서면 삶을 정리하면서도 새로운 2모작, 3모작의 스토리를 쓰는 것이 좋다고 한다. 끝까지 삶을 사랑하고 가족을 사랑하는 남자는 노년이 되어도 고독하지 않다. 이렇게 여유 있고 유연한 노년은 자신만 바라보며 검은 머리 파뿌리 될 때까지 동고동락한 아내의 마지막을 따뜻하게 지켜줄 수 있을 것이다. 아내보다 먼저 가는 게 더 바람직하지만 죽는 것은 마음대로 되는 것이 아니니까.

젊은 부부의 사별

젊은 나이에 배우자를 잃는다는 것은 대부분 교통사고나 급성 질환으로 인한 것이다. 그러기에 그 충격은 엄청난 것으로 같이 꿈꾸던 미래가 송두리째 사라져 버린 것이다. 더욱이 이제 혼자 해야 하는 삶과 생활이 엄청난 무게로 다가온다. 아이들이 어리기에 생활고에 지쳐 슬픔에 마냥 빠져 있을 여유도 없다. 그래서 진료실에서 보는 젊은 미망인들은 생활에 지쳐 있고 삶의 무게에 눌려 있는 모습이다.

갑자기 당한 이별이라 헤어짐의 인사도 못했던 젊은 아내는 좋은 기억만을 가지고 살아가니 애잔한 마음이어서 우울증에 빠지기 쉽다. 이런 고통을 극복하도록 도와 드리면 다시 씩씩한 생활의 전사로 돌아온다. 이렇게 힘을 내게 하는 동력은 모성이다. 심한 애도의 우울에서 벗어난 엄마는 아이들이 겪었던 아버지와의 사별 반응이 어떤지 들여다보고 도와줄 수 있다. 아이들의 연령에 따라 받아들이는 수준이 다르기에 여기에 맞춰서 큰 상처가 되지 않도록 보살펴줄 수 있다.

오랫동안 필자에게 우울증 치료를 받아오시던 40대 중반의 여성 A가 있다. 그녀가 살아낸 시간들은 참으로 상처들이 많았다. 부모의 학대를 피해 가출을 하였고, 세상을 헤매다 처음 사귄 남자의 아이를 가져 결혼을 했다. 부모를 보지 않던 그녀는 시부모를 부모로 여기고 열심히 살려 했다. 그러나 시부모의 멸시와 학대는 그녀의 상처를 더 헤집어 놓았고, 우울증과 불면증은 그렇게 오랜 세월 동안 그녀 안에 있었다.

그녀의 남자이기보다는 엄마의 아들이었던 남편은 그녀를 힘들게 하다 비틀거리며 그녀 곁에 돌아왔다. 간암 말기였다. 아득해지며 모든 것을 놓아버리고 싶었지만 병든 남편을 간호하고 아이들을 돌보며 우울증과도 싸우며 견디어 낼 수밖에 없었다. 남편은 처음엔 부정하고 왜 자신이 간암이냐며 화를 내다가 우울해졌지만 점차 받아들였다.

남편이 호스피스 병동으로 입원하며 사별을 준비하면서 두 사람은 처음으로 밀려 있던 많은 이야기를 나누었다. 남자는 아내에게 정말 미안하다 했고, 여자는 남편의 뉘우침의 유언을 가슴으로 껴안았다. 남편은 자신의 부모 앞에서 아내를 위해 달라며 부탁했고 고부간의 앙금이 풀렸다.

늪에 빠진 듯 허우적거리며 살다가 질긴 삶의 줄을 놓아버리고 싶던 이 여성 A는 배우자와의 사별을 준비하면서 많은 것들을 느끼고 깨우쳤다. 뒤돌아보며 상처와도 화해할 수 있게 되었다. 친정 부모를 만나 응어리를 풀고 울고 안았다. 부모든 자식이든 다들 자신의 방식으로 살아왔고 살아갈 것이다. 상처를 주고 상처를 받을 것이다. 외면하지 말고 치유하려는 노력만 한다면 잘 살아가고 있는 것이리라.

"지난주에 남편이 운명했어요. 저를 걱정해주고 주치의에게도 감사하다고 하며 아주 편안하게 눈을 감았어요. 그 뒤 저는 자다가도 벌떡 일어나요. 살아 있는 게 허전하고 무서워요. 그 사람에게 미안해요. 아픈 사람 앞에 두고 제 마음속에 맺힌 것만 풀어댄 것이 너무 후회돼요. 전 우울증이 더 심해질 것 같고 살아나갈 자신이 없어요."

"예, 지금 많이 우울해 보입니다. 하지만 님은 제가 본 어떤 분보다도 배우자와의 사별 과정을 훌륭히 해내셨습니다. 고인께서도 자신의 마지막을 원숙하게 잘 받아들이셨고 무엇보다 아내와의 사랑을 훌륭히 완성하셨지요. 그 힘으로 님은 친부모님과 시부모님과의 오래된 갈등과 상처를 잘 치유하였거든요. 어떤 이들은 당신이 우울증 환자이니 이 일로 더 회복하기 힘들 것이라고 말하기도 하겠지요. 하지만 당신은 그 상처들과 우울증이 없는 보통 사람들보다 애도 과정을 더 잘 이겨내시고 부군과 약속한 것처럼 씩씩하게 잘 살아가실 것으로 전 확신해요."

그녀는 계속 오고 있으며 파트너가 없지만 그 어느 때보다 흔들림이 없고 잘 살아가고 있다.

"우물쭈물하다가 내 이럴 줄 알았다." 영국의 극작가 버나드 쇼의 묘비에 새겨진 글귀이다. 삶의 마지막까지 유머로 스스로를 관조한 그의 태도가 멋지다. 치열하게 살았다는 위대한 극작가도 이럴진대 보통 사람들도 어영부영하다가 어느 날 갑자기 자신의 죽음을 맞게 되지 않는가. 자신의 삶을 정리해야 하며 옆 사람과 수십 년 부대껴온 애증의 세월들도 같이 돌아보아야 하는데 그저 슬프고 아득하다. 하지만 사별은 두 사람이 애증을 풀고 사랑을 완성할 수 있는 마지막 기회이기도 하다.

배우자의 사별을 겪고 남은 생을 건강하게 사는 방법

건강한 사별을 하였던 이는 남은 삶도 건강하게 산다. 헤어짐은 잘 보내는 것이다. 잘 보내기 위해서는 잘 살아야 한다. Chapter 1 부부 관계에서 소통이 잘되는 건강한 부부가 되기 휘한 노력을 하였다면 부부로서 잘 살았다고 할 수 있겠다. 이렇게 잘 사는 부부로의 삶의 마지막 과정이 사별이다. 영원히 헤어지는 것 이전에 본인으로서는 삶의 마지막을 정리하는 과정이 필요하다. 그래서 이제 얼마 남지 않았음을 본인에게 알려주고 마지막 과정을 도와주는 것이 소통의 마지막 과정이다. 본인에게 죽음을 고지하는 것을 두고 논란이 아직 많다. 피할 수 없는 죽음을 하루라도 더 모른 채로 살다가 충격과 부정으로 삶의 마무리를 하게 두는 것이 과연 좋을까? 그렇지 않다.

죽음 등의 엄청난 충격에 반응하는 5단계는 이제 많이 알려졌다. 그 사람의 성격에 따라 사별에 반응하는 5단계가 차이가 날 뿐이지 어느 누구든 이 과정을 거친다. 5단계는 부정-분노-타협-우울-수용이다. 만약 너무 늦게 자신의 죽음을 알게 되면 시간이 부족하여 다 거치지 못한다. 자신의 마지막을 부정하고 분노하면서 죽음을 맞는 것은 안쓰럽고 불행한 일이 아니겠는가. 고통스러울 테지만 이를 알려주고 본인이 이 과정을 거치고 마무리 짓도록 돕는 것은 그동안의 배우자의 역할보다 가장 힘든 일일 것이다.

배우자는 간병으로 지쳐가지만 이 사람이 곁에서 사라진다는 것을 받아들여야 한다. 환자와 마찬가지로 5단계를 거쳐 수용의 단계에 이르러야 한다. 간병을 하며 그 사람의 고통과 피폐해지는 모습까지 지켜보아야 하니 괴롭다. 치료비 등 경제적인 고민과 혼자 살아나가야 하는 걱정을 내색하지도 못한다. 먼저 보내야 하는 애통함에 더하여 배우자는 죄책감까지 갖게 된다. '좀 더 일찍 병을 알게 도와주지 못해서, 너무 무심했다, 살면서 잘해준 게 별로 없는 것 같다'며 가슴을 쥐어뜯으며 후회하는 모습들이 많다. 죄책감이 심할수록 애도의 정도는 더 심해지고 애도의 기간은 더 길어질 수 있다.

가장 힘든 헤어짐인 사별은 누구든 피할 수 없고 누가 대신해 줄 수도 없는 과정이다. 애도의 정도와 기간이 지나치면 상담과 치료가 필요하다. 어떤 사별이든 잘 준비된 것은 없고 황망하고 만감이 교차한다. 이 과정을 순서대로 끝까지 나아갈 수 있도록 도와주는 것은 남은 가족들 간의 사랑이다. 그리고 죽음에 대한 태도일 것이다.

두 부부가 죽음을 대하는 자세는 평소 두 사람의 인생관에서 나온다. 평소에 가족들이 신앙 등을 통하여 죽음에 대한 대화를 나누며 성찰의 기회를 갖는 것은 죽음에 대한 태도뿐 아니라 사는 것에도 도움이 된다. 죽음을 끔찍한 터부로 대하지 않도록 노력하는 것은 부부와 그 아이들에게 죽음과 삶에 대한 좋은 자세를 만든다. 이 장의 뒷부분에서 좀 더 자세히 살펴보려고 한다.

● 자식과의 사별

자식의 죽음은 인간이 겪을 수 있는 가장 큰 슬픔이요 잊지 못하는 상처이다. 그 뒤의 삶은 이전과는 너무 다른 고통의 시간들이고 그리움으로 정상적인 삶을 누릴 수 없게 된다. 대개의 경우 급작스러운 죽음이어서 마음의 준비가 없고 심리적 충격이 아주 크다.

B(48세) 씨는 아들을 잃은 지 3년이 되었고, 극심한 우울증의 상태로 가족과 친구들 아무도 만나지 않고 은둔하며 혼자 살고 있다. 특히 자책감이 심한데 아들은 엄마인 자신 때문에 자살을 했다고 믿기 때문이다. 남편의 외도로 이혼을 하게 된 이분은 18세 아들과 남게 되고 남편은 다른 여성과 재혼을 하였다.

이러는 과정에서 아들은 어머니에 대한 아버지의 폭력과 어머니의 우울하고 불안한 모습을 보며 부모와 비슷하게 우울하고 감정 기복이 심한 모습을 보였다. 아들은 "엄마에게 짐이 되지 않도록 할 테니 행복하게 사세요."라는 쪽지를 남기고 갑자기 자살을 하였던 것이다.

"아이를 제가 죽인 것이나 마찬가지예요. 아이 앞에서 너무 힘들어하며 죽고 싶어 하는 모습을 보인 것이 아이를 죽음으로 몰고 갔어요. 아침에 눈 뜨면 아이가 했던 말과 모습들이 하나하나 다 생각나고 자꾸 그 기억들을 되짚어보며 생각을 멈출 수가 없어요. 아이가 간 지 천백 일이 되어 가는데 하루도 쉽게 잠이 온 적이 없었어요. 친정 식구들의 걱정과 잔소리도 듣기 싫어 피하고 모든 사람들을 보지 않고 집 밖으로 나가지 않았어요. 아이를 따라 정말 죽고 싶은데 지금은 어머니가 계시니까 참고 있지만 어머니가 돌아가시면 홀가분하게 아들을 따라갈 것 같아요."

자식을 잃은 어머니들을 치료해보면 다른 어떤 환자들보다 더 어렵고 힘들다. 수년이 지났는데도 마치 어제의 사별처럼 슬픔이 지극하며 우울증이 호전되지 않았다. 생의 낙이 전혀 없는 허무한 마음과 초췌한 모습을 보면서 너무 안타까워 중립적인 치료자의 자세를 유지하기도 어려웠다. 같은 부모로서의 공감이 너무 되며 불쌍하고 답답해지기도 하였다.

자식을 죽음의 길로 떠나보낸 어머니는 따라 죽는 것만이 능사가 아니다. 매일 기도하는 심정으로라도 살아 있어야 한다. 아이의 이름으로 좋은 일을 하고 아이의 못다 한 삶을 부모로서 대신해 열심히 살아야 되지 않겠느냐고 다독이며 약물치료를 병행하여 열심히 치료하였다. 그러나 잠은 조금 자게 되었지만 생의 의욕은 전혀 피어오르지 않았고, B 씨는 퀭한 얼굴로 매주 나를 방문하였다. 그 모습을 보는 게 힘이 들어 나는 차라리 오지 않았으면 하고 바랄 때도 있었고 정작 안 오면 걱정이 되어 초조해지기도 했다.

사랑하는 사람을 잃으면 그 얼굴이 잊힐까 두렵다고 한다. B 씨도 아들이 잊힐까 두려웠지만 잊지 못했기에 괴롭다. 아이가 그립지만 사진을 보면 가슴이 무너질 것이다.

로고테라피를 창시한 정신의학자인 빅터 프랭클은 인간이 어떤 최악의 조건이라도 대처하는 능력이 있으며, 시련과 삶에 대한 자신의 태도를 결정할 자유와 책임이 있다고 하였다. B 씨는 아들을 잃고 자학과 애통함을 선택하여 왔다. 이제는 다른 태도를 선택할 것임을 그녀의 밝아지고 단단해지는 모습을 보면 알 수 있다. 아직 돌덩이가 그 가슴에 얹혀 있지만 그녀를 믿는다. 지금까지 포기하지 않고 바짝 마른 입술에 부은 얼굴로 찾아오는 이분이 정말 고맙다. 꿈에 나타난 아들의 이야기를 하며 웃고 우는 그녀를 보며 같이 웃다가 애잔해지기도 한다. 이제 사람들의 얼굴을 마주할 수 있기에 일을 해보려 한다는 조심스런 결심에 박수를 보낸다.

B 씨는 아이를 잃기 전의 그 사람으로 다시는 돌아갈 수 없을 것이다. 아니, 돌아가지 않을 것이다. 아이는 엄마의 마음에 살아서 모든 삶에 같이하게 될 것이다. 자식을 잃는다는 것은 부모 형제의 죽음보다 훨씬 더 지극한 슬픔이어서 삶이 달라지는 것이다. 결국은 가장 사랑하는 사람을 다시 볼 수 없게 되면 남은 사람은 자기를 더욱 사랑해야 한다는 생각이 들었다. 더불어 아이의 존재를 마음에 같이 담아야 하기에 자기는 이전보다 더욱 커지고 성숙해져야 한다.

자기는 자아(ego)가 아니라 자기(Self)이다. 자아 팽창이 아니라 자신의 확장이다. 보다 더 넓고 깊은 삶이 되는 것이다. 애도와 우울의 시간에서 이런 삶으로 건너려면 엄청난 고통과 성찰이 필요할 것이다. "저는 우리 아이를 잊어버리지 않을까 두려워요." 하는 그분의 얼굴은 우리가 바라는 그 단계로 올라갈 영성이 보이는 듯했다. 아직도 하루를 시작할 때 아들의 사진을 보며 힘을 낸다는 그녀를 보며 자식과의 사별은 잊어야 한다고 부탁하는 것이 아님을 다시 깨달았다. 자식을 잃고 매순간 살아 있음에 괴로워하고 무엇을 해야 하는지 치열하게 고민하는 부모들이 마음의 평화를 얻게 되기를 기원한다.

마인드닥터의
가족행복처방전

● 부모와의 사별

C 씨는 어머니의 죽음과 사별에서 벗어나지 못하고 있었다. 그녀는 엄마의 간암이 급히 진행되어 위독해지는 동안 간병을 하면서 엄마를 잃지 않을까 하는 두려움으로 미칠 것 같았다. 고생만 하고 살아온 불쌍한 엄마였다. 무심하고 과묵하여 밖으로만 다녔던 아버지에게 상처를 많이 받고 참아온 세월이었다. 아이들이 걱정하고 상처를 받을 것이 걱정이 되어 남편에게 목소리 한번 크게 내지 않고 순종해왔던 엄마였다. 모녀는 친구처럼 다정했다. 엄마에게 모든 것을 재잘거리면서 성장하였고, 철이 들면서 엄마가 안쓰러워 웃게 해드리고 싶어 공부도 열심히 하였다. 엄마는 아들이 듬직하게 잘 커가고 딸이 예쁘게 잘 성장해가는 낙으로 살아왔다.

엄마를 보내고 3개월이 지났지만 C 씨는 지극한 슬픔으로 무기력해지고 우울에서 벗어나지 못하며 정상적인 생활이 되지 않아 직장을 그만두었다. 엄마는 떠나기 전에 너무 슬퍼하지 말고 좋은 사람 만나서 행복하게 살라고, 엄마가 도와주겠다고 하셨다. 엄마의 부탁으로 잘 살고 싶은데 너무 힘들기에 정신과 치료를 받기로 결심하였던 것이다.

C 씨는 엄마 생각에 울컥해지며 식욕이 떨어지고 위장장애, 두통, 불면증, 가슴이 답답하고 화병 증세가 있으며 밖으로 나가지

않고 두문불출의 모습이었다. 아버지를 보면 화가 났다. 엄마의 죽음이 아버지의 책임이라고 가시가 돋친 말도 퍼부어대기도 하였다. 아버지의 쓸쓸하고 추레한 뒷모습이 안쓰럽게 보일 때도 있지만 엄마가 보고 싶을수록 아빠가 미워져 마주치지 않으려고 한다. 아버지에게 정말 하고 싶었던 말은 불행하였던 엄마의 삶이 아빠 당신 때문이었다는 것이다.

남은 가족들은 정도의 차이는 있지만 죄책감을 가지고 살아간다. 애도 반응이 시간이 지나도 회복되지 않으면 그 개인의 삶은 피폐해지고 불행해진다. 사례처럼 사망한 가족원이 평소 가족들과의 관계에서 선하고 희생되는 역할이었다면 남은 가족들은 갈등하고 분열한다. 죄책감과 분노가 그들을 가만히 놔두지 않기 때문이다.

그녀의 아버지는 아내를 보내고 그 빈자리에 당황하고 힘들어하였다. 뒤늦게 후회하며 술에 의존하고 누구와도 상대하지 않으려 하였다. 잘 먹지도 않는 그 모습은 자학하는 것이었지만 딸과 아들은 복잡한 마음이었고 어떻게 해야 할지 몰랐다. 그러다 아버지는 대장암 진단을 받았으나 수술과 항암 치료를 거부하였다. 구차하게 조금 더 살아봐야 뭐 하느냐는 아버지와 딸은 생과 사를 두고 또 언쟁을 하였다.

그리고 이렇게 마지막이 될 수도 있는 상황이 되자 두 사람은 서로 미안하다며 나 때문이라고 화해를 하였다. "아버지가 밉고 두려웠는데 이제 약해보이고 안쓰러워요. 아버지마저 그렇게 보내드리기 싫었어요. 어릴 때 나를 가장 예뻐해 주시던 그 모습이 보여요. 엄마의 자리가 비었지만 이제야 우리 세 사람은 가족 같아요."

  가족이 떠나기 전까지는 영원한 상실을 겪게 될지 모르고 산다. 결코 영원한 것은 없다는 처연한 깨달음이 저절로 오게 된다. 유대 철학자인 리누스 문디는 자신의 책 『기도 산책』에서 상실의 상처를 직시하고, 슬픔을 치유하는 방법을 제시하였다. "기도와 산책을 병행하는 것은 부지불식간에 생긴 내면의 상처를 치유하도록 이끌어주며, 나아가 하느님은 물론 죽은 사람과의 관계를 새롭게 하는 토대를 마련해준다. 슬픔으로부터 도망칠 수도 무시할 수도 없다. 우리는 단지 슬픔의 터널을 걸으면서 통과해야 한다. 뛰어서도 기어서도 안 된다. 슬픔을 통과하는 데 가장 알맞은 속도는 그저 걷는 속도이다. 상실과 함께 잃어버린 세상에 대한 믿음과 영원성을 다시 회복해야 한다. 사랑하는 이를 잃었을 때 우리는 인생에서 영원하다고 믿었던 것들이 결코 영원하지 않다는 현실 앞에 서게 된다. 이런 불확실하고 예측 불가능한 세상에서 다시 믿음을 회복하고 안전하고 따뜻하며 평화로운 세상이 있다는 것을 발견하여야 한다."
  '애도'는 의미 있는 애정 대상을 상실한 후에 따라오는 슬픔이 잘 지나가도록 마음의 평정을 회복하는 정신 과정을 말한다. 그 기간은 개인의 차이는 있으나 대략 6개월이다. 너무 길거나 평정을 회복하지 못하면 병적인 애도임을 생각해보고 치료를 권유하여야 할 것이다. 제대로 지나가지 못한 '문제적 감정'은 그 사람의 대인관계와 삶에 '문제적 태도'를 만든다. 본인은 모르기에 사별을 대하는 과정에도 치료적 상담이 꼭 필요하다.

● 재난과 참사로 인해 사별을 겪어야 하는 희생자와 가족

우리는 그동안 많은 재난 사고들을 겪어왔다. 삼풍백화점 붕괴, 성수대교 붕괴, 시랜드 화재로 인한 어린아이들의 참사, 대구 지하철 화재로 인한 시민들의 참사, 2014년 경주 마우나리조트 붕괴로 인한 대학생들의 참사…. 그리고 날벼락 같은 우리 아이들의 죽음을 우리 국민들 모두가 겪기도 하였다. 바로 가장 참혹한 슬픔인 2014년 4월 16일에 일어난 세월호 사고이다.

이 사고는 인천에서 제주로 가던 여객선 세월호가 진도 앞바다에서 침몰하여 340여 명의 사망자를 낸 대형 참사이다. 이 중에는 수학여행을 가던 안산시 단원고 학생들이 타고 있었고, 이 아이들이 희생자의 대부분이 되었다. 배가 넘어져 수백 명이 수장

되고 있는 상황에서 선장 및 일부 선원들은 승객들에게 움직이지 말고 기다리라고 방송하고는 배를 버리고 제일 먼저 구조되어 나왔다. 구조를 책임져야 하는 해양경찰은 미숙한 구조 대처로 골든타임을 허비하며 구조될 수 있는 아이들과 승객들을 바다에서 꺼내주지 못했다. 달려온 가족들은 가슴을 치고 발을 동동 굴렀다.

온 국민들은 자기 자식 같은 단원고 아이들이 어른들 때문에 차가운 바다에서 빠져나오지 못하는 상황을 생중계로 보았다. 마지막 상황에서 보내온 SNS상의 안타까운 문자와 참혹한 동영상, 아무리 기다려도 생존자는 없고 시신들만 나오는 것을 보면서 큰 충격을 받으며 모두 슬픔에 빠졌다.

또한 우왕좌왕 혼선을 빚는 정부 부처의 공무원들과 국민들의 정서와 괴리된 정부의 태도를 보면서 우리들은 이 나라에 살고 있는 것이 참담했고, 아이들에게 너무나 미안한 어른들이 되었다. 이후 밝혀지는 수많은 문제들은 우리나라가 안고 있던 고질적인 병폐들이었음이 드러났다. 대통령은 결국 국가 개조에 준하는 개혁을 하겠다는 약속을 하게 되었다.

희생자, 특히 채 살아보지도 못하고 꺾여버린 단원고 아이들의 부모들은 기도하는 심정으로 팽목항에서 시퍼런 바다를 보며 끝까지 자식의 생존을 기다렸지만 사랑하는 내 아이는 참혹한 시신으로 돌아왔다. 끝까지 돌아오지 못한 아이들도 있다. 부모들은 수학여행을 간다며 재잘거리던 내 아이가 왜 이렇게 죽음을 당해야 하는지 비통하고 억울하고 분노했다. 해운회사의 이윤지상주의로 인한 무리한 운영과 이를 관리하고 사고를 예방하여야 하는 일련의 담당자들인 해양경찰, 감사기관 등이 마피아처럼 관피아로서 안전 불감증을 유발하였음을 알게 되면서 가슴이 무너졌다.

그동안의 재난들에서 희생자의 유가족이 좌절하였던 것은 원인 규명이 제대로 되지 않고 책임자 처벌이 되지 않았던 것이다. 이것은 미흡한 보상보다 더 큰 상처가 되었다. 그래서 아이를 잃은 트라우마를 겪은 유족들의 마음은 치유되지 않았고, 이 나라를 떠나고 싶은 마음이 많이 들었다고 한다. 실제로 이민을 간 분들도 있다.

재난을 겪고 살아남은 사람은 '외상 후 스트레스 장애'라는 심리적 후유증을 겪는다. 그 참혹하고 절박한 순간의 영상들이 수시로 떠올라 오랜 기간 시달리며 비슷한 장소나 상황에 불안하여 회피하고 심하면 집 밖으로 나오지 못하게 된다.

희생자 유가족들의 삶은 사고 이전과는 다른 삶이 되어버린다. 가족의 죽음을 가슴에 묻고 살아가는데 그 슬픔의 무게로 인해 우울하고 피폐된 삶이 되기도 한다. 특히 자식을 잃어버린 부모는 내 아이를 잊어버리게 될까 두려워하기에 죽을 때까지 항상 먼저 간 아이와 같이하는 삶을 살게 된다.

이런 경우 내 아이들의 죽음이 어떤 사람들의 이윤과 실수, 무관심으로 인한 것일 때에 부모의 마음은 허망하고 화병에 이르게 된다. 그래서 치유에는 내 아이의 죽음이 헛되지 않도록 사고의 원인 규명과 책임자 처벌을 하여 다시는 이런 일이 일어나지 않도록 하는 후속 조치가 꼭 필요하다. 이렇게 하면 내 아이는 이런 개혁을 위해 훌륭한 희생을 하였다는 삶의 의미를 남기고 간 것이 된다.

그래서 세월호는 우리가 빨리 덮고 가야 할 하나의 참사에 불과한 게 아니었다. 오히려 천천히 그 앞에 머무르며 바다에서 들려오는 아이들의 비명 소리를 들어야 했다. 그리고 우리 안에서 끓어오르는 답답함과 혼란, 분노와 자괴감을 바라보아야 했다. 이는 빨리 지나가면 보지 못하는 우리의 문제이다.

희생자 가족들이 겪는 깊은 트라우마는 당연한 것으로 피할 수 없는 심리적 반응이니 이 고통의 시간을 수용하도록 도와야 한다. 치유는 정신의학적으로 애도 반응의 5단계를 당사자나 가족이 잘 진행하도록 돕는다. 지름길이나 피할 수 있는 방법은 없다, 죽음은 피할 수 없는 것이기에.

국민들이 재난의 끔찍함을 보고 부정하고 싶고 분노하고 구조가 안 되는 것을 보며 절망하고 우울해하는 것은 잘못된 반응이 아니라 이심전심의 당연한 마음이다. 또한 모든 이들의 반응이 다 똑같은 것은 아니다. 특히 심약하거나 과거에 사별 또는 비슷한 트라우마를 받았던 사람들은 과거의 고통이 재경험되어 더욱 힘들 수 있다. 이런 분들에는 앞에서 언급한 것처럼 도와주고 대처를 하는 것이 꼭 필요하겠다. 이들은 급성 스트레스 반응, 급성 애도 반응, 불안 및 우울 반응을 보이는데 외상 후 스트레스 장애는 8주 이상이 시간이 지난 뒤 평가, 진단 후 치료를 한다.

유가족들에게 아이가 소중한 존재였고 잊지 않을 것임을 말하자. 사고로 사라져버린 나의 가족이 시간이 지나 잊혀버리고 그 아이가 살았다는 증거는 몇 장의 사진과 가족의 희미한 기억밖에 남지 않는 것, 이것은 남은 가족들이 가장 가슴 아파하고 평생 한이 되는 것이다. 빨리 잊어버리는 것이 아니라 많은 사람들이 아이를 기억해주는 것이 오히려 치유에 도움이 된다. 그래서 생전에 얼마나 친구들에게 좋은 아이였고 어떤 매력이 있었고 소중한 존재였는지를 아이를 아는 사람들이 부모에게 오래도록 말해주는 것이 치유에 큰 힘이 된다. 내 아이가 살았던 짧은 시간이 헛되지 않았다는 의미가 되는 것이다.

의미가 이처럼 중요한가? 그렇다. 특히 갑작스러운 재난으로 준비 없이 황망히 사별을 겪고 난 후 마음의 치유에 가장 중요한 것이 고인이 존재했던 의미이다. 삶과 죽음의 의미는 사실 고통의 의미에서 나온 것이다. 살면서 피할 수 없는 많은 고통들은 그저 운이 없는 것이 아니라 우리 삶을 더 아름다운 깨달음으로 안내하는 의미가 있다는 것. 그래서 우리는 빨리 고통을 잊는 데

만 급급할 것이 아니라 그 의미를 깨닫도록 노력해야 한다는 것은 '의미치료'를 주창한 정신과 의사 빅터 프랭클의 진지한 조언이다.

● 우리 어깨 위의 죽음의 새

정호승의 시 '개에게 인생을 이야기하다'의 시구 중에 '어떤 이의 운명 앞에서는 신도 어안이 벙벙하다'는 내용이 있다. 또 소설인지 영화였는지 기억이 가물가물한데 너무나 엄청난 재난 앞에서 "도대체 이런 끔찍한 사람들의 참사와 운명을 주관한 것이 神이라면 제기랄 팍큐이다."의 대사가 떠오른다. 같은 심정이다. 이 애들이 한날한시에 이런 비극을 겪고 그 부모들이 자신의 죽음보다 더한 고통으로 자식을 가슴에 묻어야 하는 이 일… 도대체 신의 뜻은 무엇인가? 정말 그 뜻을 모르겠다.

인간의 운명이 이렇듯 억울하고 비참하고 불쌍하다는 것은 역사를 돌아봐도 사실이고 현재진행형이기에 뼈저리게 알 수 있다. 내 눈앞의 비극과 고통은 언제든 나의 것이 될 수 있고 결국 남의 일이 아닌 우리의 운명이다. 그래서 빅터 프랭클과 스캇 팩의 말처럼 '고통을 통한 의미 찾기'는 '우리가 아직도 가야할 길'인 것이다.

비극과 고통은 피할 수 없는 것이기에 그 과정에서 현재 삶의 의미를 찾고 긍정의 태도를 잃지 않고 혼자보다는 같이 손을 잡는 사랑으로 이 모든 것을 받아들이도록 노력하자. 그렇다면 난 우리의 삶에서 항상 죽음을 자주 생각하고 가까이 해야 한다고 말하고 싶다.

죽음을 부정 타는 것인 양 쉬쉬하고 보지 않으려 한다면 우리의 삶은 항상 조마조마한 고통의 줄타기가 될 것이다. 마치 영원히 살듯이 게걸스럽게 자신의 생명만 탐하다가 많은 이들을 희생하게 만든 세월호 선장을 보면 알 수 있다.

우리가 인간답게 살고 죽는 방법 중 하나는 자신의 어깨 위에 죽음의 새를 올려놓고 사는 것이다. 카잔차키스의 『그리스인 조르바』의 내용처럼. "매일 내 어깨 위에 앉아 있는 죽음의 새를 의식하며 오늘이 마지막인 것처럼 열심히 감사하며 사는 것은 이 새가 우리에게 주는 첫 번째 선물이다. 죽음이 언제든 나에게 찾아올 것임을 안다면 겸손해질 수 있고 삶은 더 풍요로워질 수 있다고 확신한다."

당시 어떤 여성 환자는 세월호 참사를 보며 우울하고 힘들어하였는데 자신이 하고 싶은 것이 있는데 해도 될지를 나에게 물었다. 자신이 부모라면 이런 참사를 겪은 내 아이에게 평소 사랑했음을 말하지 못했다면 그것이 가장 가슴 아픈 것일 거라고. 그래서 자신은 그동안 불편하였던 친정 부모들과 무미건조한 사이의 남편과 어떤 형태든 마음의 정리를 하고 싶다고 하였다.

성장 과정에서 상처를 주었던 부모인데 자신이 얼마나 힘들었는지 모르시고 그 사연을 듣기 싫어하는 부모님. 서로 깊은 마음의 교류가 없고 사이가 깨질까 봐 말을 피하며 겉으로만 부부 행세를 하는 남편과 자신. 이 사람들이 어떤 반응을 보이든 자신 마음속을 솔직히 이야기하고 어쨌든 사랑한다는 말을 하고 싶다고 한다. 오늘이 삶의 마지막일 수 있기 때문에. 나는 그러시라고 했다. 우리 어깨 위의 죽음의 새가 '이제 우리의 생과 영혼이 떠나갈 때'라고 나지막이 속삭일 때 뒤늦게 가슴을 치고 후회하지 않으려면 이분처럼 해야 한다.

● 삶과 죽음, 그리고 최면 치료 사례

나는 아버지의 중병과 임종 이후로 죽음에 대한 생각을 더욱 많이 해왔다. 힘든 병임을 아버지에게 말씀드리지 않은 것은 투병에 대한 의지를 약화시키지 않을까 두려워서였다. 점점 악화되어가며 기력이 떨어지고 있는데 본인도 자신이 죽을 수 있다는 것을 언급하시지 않는 것은 회피하시는 태도였을까. 죽음을 준비할 시간을 드려야 하는 게 자식 된 도리인데 돌려서 말하다 결국 좋아지시지 않겠느냐고 해버렸다.

아들이 정신과 의사인데 마지막 길을 편안한 마음으로 보내드려야 한다는 것은 용기 없는 못난 아들의 사치였음을 폐렴의 재발로 마지막 입원 후 창백한 아버지의 얼굴과 잿빛 눈을 보면서 깨달았다. 손주들의 마지막 인사에 의식이 없는 아버지의 눈가에 이슬이 맺혔다. 가시는 곳은 고통과 이별이 없는 편한 곳이니까 먼저 가 계시라고 의식이 없는 아버지의 귀에 대고 말씀드렸지만 이는 영원한 이별을 감당하기 힘들어하는 통곡이면서 한 가닥의 희망 사항임을 안다. 돌아가신 지 벌써 수 년이 되어가고 그 빈자리는 너무 크며 아버지의 부재를 조금씩 실감해 가고 있는데 산 자들은 또 아무 변화 없이 그냥 잘 살고 있다.

어느 날 좋은 분들과의 모임에서 일본의 지진과 원전 사고의 재앙 때문인지 죽음에 대한 이야기들도 나왔다. 어느 분이 죽음을 대비한 준비는 어떻게 해야 할지 고민하고 있다고 하셨다. 나는 아버지의 죽음에 고민을 하면서도 전혀 준비를 해드리지 못했다. 어떻게 하면 죽음을 담담하게 받아들일 수 있을까. 나는 후일 죽게 될 때에 과연 그럴 수 있을까? 내세에 대한 믿음은 불안을 없애주는가? 그럼 윤회에 대한 내세관이 바람직한 대답인가?

과거에 치료자로서 윤회를 긍정적으로 생각해본 적이 있었다. 바로 환자와 함께 그의 전생(?)을 슬쩍 들여다 본 적이 있었기 때문이다. 최면 치료를 하던 중 연령 퇴행이라는 최면 방법을 통해서 현재 증상의 원인을 환자의 과거로 거슬러 올라가 찾는 정신

치료적 작업을 하였다. 현재의 병력과 삶에서 도저히 원인이 밝혀지지 않는 증상인 경우에 한정했고 본인의 동의를 받았다.

최면이 깊을 경우 우리의 개인 무의식에 쌓여 있는 기록들을 들춰볼 수 있다. 치료자와 환자의 능력에 따라 그 범위는 정말 깊고 넓을 수 있어 잠재의식이 극대화되는 것이라고 할 수 있다. 최면 상태에서는 환자의 피 암시성이 높아져 치료자의 영향력이 크기 때문에 정신 치료 훈련을 받은 전문가가 신중하게 접근해야 한다. 그렇다고 해서 치료자의 말을 로봇처럼 무조건 따르는 것은 아니어서 의식은 멀쩡하고 판단력도 정상이어서 자신이 싫은 것은 거부하는 등의 자기 보호를 할 수 있다.

D는 30대의 남자 환자인데 조울증과 알코올 의존이 있었고, 아버지와 부인에 대한 분노와 갈등이 심했다. 최면 치료를 하며 현재의 문제와 깊은 관련이 있는 시기로 가보자고 했을 때 환자는 어느 산속의 오두막집을 연상하였다. 그곳에는 지금의 자신과 가족들이 살고 있다고 했다. 그 가족들은 현재의 가족들과 모습이 다르지만 그냥 알아볼 수 있다고 했다.

그런데 현재 자신이 술에 의존하게 할 정도로 많은 갈등을 겪고 자신에게 상처를 주는 아버지와 아내는 이 시기에서는 또 다른 관계로 얽혀 있었는데 반대로 자신이 깊은 상처를 주고 있었다. 그리고 이 시기의 연대는 1870년이라고 말했다. 이 환자의 다른 과거의 생을 가보았을 때 이 사람들과 또 다른 인연으로 얽혀져 살고 있는 것을 확인할 수 있었다.

두근거리는 심정으로 어떤 생에서 마지막을 보고자 했을 때 환자는 자식들에게 둘러싸여 임종하는 자신을 처연한 마음으로 재경험하였다. 하지만 영혼이 빠져 나와 육신을 내려다볼 때는 아주 편안하고 담담한 마음이라고 하였다. 그 생의 목표와 교훈이 무엇이었는지 물어보았을 때 그는 주저하지 않고 '자신에게 얽히는 모든 이들에게 사랑을 주고 겸손을 터득하는 것'이라고 했다. 이제 왔던 곳으로 돌아가야 하는데 자신의 옆에는 빛의 존재가 있어 질문을 하면 대답해줄 수 있는 영역까지는 들을 수 있다고 한다. 먼저 임종했던 가족이 자신을 데리러 오는 경우들도 많았다.

또 하나 기억하는 사례가 있다. 한 어머니가 방문하였는데 고등학생 딸이 너무 반항적이고 엇나가는 행동을 하여 마음고생이 심했다. 아이(E)를 면담해보니 성장 환경에서 특별한 문제와 원인이 없었다. 아이도 자신이 엄마에게 향하는 분노를 설명할 수 없다고 하였다.

아이의 최면 치료에서 현재의 생이 아닌 것으로 보이는 시기가 십 수회 나타났다. 그러자 그 많은 생에서 두 사람은 역할을 바꿔가며 모녀의 관계를 유지하고 있음을 볼 수 있었다. 그런데 그 삶들이 참으로 기구한 것들이 많았다. 바로 앞의 생에서도 두 사람은 지금과 같은 역할이었는데 생활고를 못 이기고 엄마가 아이를 죽이고 자신도 자살하는 삶이었다. 아이는 무섭고 죽기 싫다고 울부짖었으나 어머니는 우울증에 빠져 아이를 죽이고 말았다.

아이는 이때의 원망과 분노가 지금 자신이 느끼는 엄마에 대한 알 수 없는 감정이었음을 알게 되었다. 질기게 이어지는 엄마와 자신의 악연을 계속 기억해내면서 아이는 어리지만 여러 생으로 이어지는 인과와 업을 느끼게 된다. 어느 삶에서도 이 사슬을 끊지 못했기 때문에 사랑해야 할 엄마에게 아직도 칼을 갈고 있음을 알게 된 환자와 이를 지켜본 나는 참으로 슬프면서도 복잡 미묘한 기분을 같이 느꼈던 기억이 새롭다.

D와 E의 경우처럼 이런 경험들을 최면 상태에서 떠올릴 때 나는 그 의미를 구구하게 설명하지 않았다. 그냥 넌지시 물어보면 대개 그 공감하는 치료의 목적을 얻게 되기 때문이었다. 이러한 통찰은 백 마디의 말이나 설득보다 더 효과가 있는 깨우침으로 작용하여 문제증상을 사라지게 만드는 것을 경험했기에.

남자환자 D는 자신의 증상이 현저히 줄어들고 가족들이 놀랄 정도로 어진 모습으로 바뀌게 되었다고 기쁘게 말했다. 당시 가족들로부터 확인은 하지 못했지만 환자의 표정에 어린 편안함과 성숙함은 깨달은 뒤에 오는 모습이어서 치료자인 내가 부러웠던 기억이 난다.

아이 E는 마음에 들끓던 엄마에 대한 분노가 사라지고 그 뒤 좋아하는 뮤지컬을 하면서 건강하게 잘 지내고 있다고 그 뒤 몇 번 들른 엄마로부터 확인할 수 있었다.

이러한 최면 치료에서 나오는 전생과 윤회의 문제는 종교와 과학, 의학적으로 인정받지 못하는 것이기에 당시 이 치료를 하며 책까지 발간했던 선배 의사를 중심으로 많은 논란을 불러 일으켰다. 당시 나는 나의 개인 홈페이지에 치료 사례를 올리고 이에 대한 입장을 밝히면서 마지막에 항상 환자 분들에게 말씀드리는 내용을 덧붙였었다.

"전생이 있고 없고의 문제는 아직 우리가 알 수 없는 문제입니다. 님이 보았던 그 경험들은 마음속의 콤플렉스가 심상화된 것일 수도 있고, 다른 경험들이 최면 상태에서 꿈처럼 줄거리를 가지게 된 것일 수도 있어요. 그렇다 하더라도 그 줄거리는 우리가 각색한 것이 아니고 님의 마음 또는 마음 너머에 있는 치료되고자 하는 지향적이고 초월적인 그 무엇이 그렇게 님을 안내하여 통찰에 이르게 하고 치료한 것이며 저는 옆에서 이를 조금 도와준 것에 불과합니다. 앞으로 계속 그 의미를 탐구해보시고 노력한다면 마음의 평화를 유지하실 수 있을 거라고 믿습니다."

평생 호스피스 임종 치료로 환자의 죽음과 함께한 정신과 의사이며 『인생 수업』의 저자인 고故 엘리자베스 퀴블러 로스는 소아암으로 죽어가는 아이들에게 이런 내용의 편지를 보냈다.

"우리가 지구에 보내져 수업을 다 마치고 나면 몸은 벗어버려도 좋아. 우리의 몸은 나비가 되어 날아오를 누에처럼 아름다운 영혼을 감싸고 있는 허물이란다. 때가 되면 우리는 몸을 놓아버리고 영혼을 해방시켜 걱정과 두려움에서 벗어나 신의 정원으로 돌아간단다. 아름다운 한 마리 자유로운 나비처럼 말이야."

로스는 스스로도 초자아적 신비 체험을 통해 수많은 사람들의 불행한 삶과 죽음을 그대로 체험하는 고통을 겪어보고 신의 광휘를 벅찬 감동으로 체험하면서 삶과 죽음에 대한 자신의 입장을 더욱 분명히 하게 된다.

나는 이러한 자애롭고 영적으로 충만한 할머니였던 엘리자베스를 흠모하며 초개아적 최면 치료를 통해서도 간접적으로 경험을 하였지만 죽음과 내세(hereafter)에 대한 흔들림 없는 확신은 아직 부족하다. 하지만 내 영혼이 이번 삶에서 어떤 목적을 가지고 있는지는 정말 궁금하다. 죽음에 대한 준비를 어떻게 할까, 스스로에게 묻는다면 현재 생(here)에서의 존재와 목적의 의미를 깨닫고 오늘이 마지막 날이라고 여기고 살아가는 것이 아닐까 생각해 본다. 내세(after)는 영혼이 내 육신을 떠난 이후에 알아볼 일이다. 혹시나 초개아적 치료의 공부를 하다가 내 자신의 능력이 준비되어 신의 광휘를 느껴볼 수 있는 기회가 온다면 마다하지 않겠지만 말이다.

●죽음에 대한 우리들의 자세

우리나라 사람들은 죽음에 대하여 생각하거나 말하는 것을 꺼린다. 즉, 죽음을 회피한다. 죽음과 관계된 것들은 '어마, 뜨거워라' 하는 마음으로 사신을 본 것처럼 피하고 멀리해왔다. 어릴 적 친구들과 놀다가 영구차가 지나가면 우리 꼬맹이들은 화들짝 놀라며 한쪽 발을 들고 한두 바퀴 도는 일종의 의식행위를 했었다. 행여나 무서운 죽음이 나에게 깃들지 않을까 하는 두려움 때문이었다.

지금도 마찬가지다. 문상을 다녀오면 집에 들어서기 전에 소금을 뿌리고 종이 태운 것을 넘어서 집에 들어가도록 조치한다. 집에 나쁜 귀신이 따라 들어오지 않도록 하는 액막이 행위는 오래된 전통이 되었다. 묘지는 영원한 안식처의 의미보다 귀신과 원혼이 떠도는 호러의 이미지가 되어 왔고, 삶 속에서 가능한 한 저 멀리 떼어내고 싶고 보고 싶지 않은 터부가 된 것이다. 과거 공동묘지 옆에 고급 아파트 단지가 들어선 후 주민들이 이 공동묘지를 철거해 달라고 농성을 했던 적이 있다. 사자의 안식처가 먼저 자리 잡은 곳에 산 자들이 멋대로 와서는 문간방에 세든 사람이 안방의 주인에게 나가라고 하는 격이었다.

라틴어에는 '메멘토 모리'라는 말이 있다. 죽음을 기억하라는 뜻이다. 죽음을 제목이나 주제로 나온 책은 아주 드문데 민속학자인 김열규의 좋은 책『메멘토 모리, 죽음을 기억하라』가 있어 다행이다. 그는 우리들이 죽음을 차갑게 너무나 이질적으로 대하고 잊어버리고 능멸한다고 토로한다. 그리고 죽음을 잊으면 삶이 덩달아서 잊힌다고 말한다. "메멘토 모리, 죽음을 기억하라. 이것은 삶이 그 자신의 숨결을 그리고 핏기운을 다그치기 위해서 있는 말이라야 한다. 이 세상에 삶만이 있기를 바라는 것은 죽음만이 있기를 바라는 것과 다를 게 없다. 삶과 마주한 죽음에게 전한다. 죽음아, 이제 네가 말하라!"

김열규의 진중하고 간절한 말처럼 삶이 소중하려면 죽음을 더욱 직면해야 한다고 생각한다. 사실, 죽음은 항상 우리 옆에 같이 하고 있지 않은가. 우리가 눈을 돌릴 뿐이다. 인간의 역사, 문화에서 삶과 사랑, 행복은 죽음과 이별, 고통과 더불어 씨줄과 날줄로 엮인 하나의 옷이다. 내 아이가 태어나 내 삶의 의미와 목적이 달라지는 기쁨으로 가득 차다가도 내 아버지가 돌아가시면 내가 비빌 언덕이 통째로 없어지며 세상을 산다는 것이 비탄의 구렁텅이로 다가온다.

며칠 전에 같이 식사하며 농을 나누었던 사람이 교통사고로 유명을 달리하여 이제는 그를 장례식의 영정 사진으로 본다. 마찬가지로 우리들 자신 또한 사신의 손아귀에서 벗어날 수 없다. 어느 순간 뒤로 다가와서 뒤통수를 칠 것이다. "이봐! 몰랐어? 수없이 다른 사람들의 죽음을 보여주었는데 마치 너에게는 오지 말아야 할 것이 온 것처럼 억울한 마음으로 받아들이는 거지? 그동안 생각 안 하고 뭐 했던 거야. 자, 이제 이별하고 갈 시간이야."

죽음이 우리들 옆에 항상 삶과의 이중주처럼 같이 살고 있음을 받아들인다면 삶이 더욱 소중해지고 깊어진다는 것은 냉정하지만 아름다운 진리이다. 이를 자꾸 잊어버리고 더 즐겁고 재미있는 쪽으로 눈을 돌리면서 직면하지 않고 있다. 김열규는 말한다. 죽음에 대해 함부로 다루지 말고 진중하고 경건하게 차분하고 관조하는 마음으로 받아들이자고. 그리고 가장 중요한 태도는 관조 이상으로 수준 높은 단계인 유머로 승화하자는 말로 맺는다.

『메멘토 모리, 죽음을 기억하라』에 들어 있는 일화에 나오는 두 노인의 대화이다.

"자네 말일세, 저쪽 죽음의 세계가 어떤 건지 아나?"
"내가 무슨 재주로."
"그럴 테지. 한데 거기는 대단히 좋은 데라는데."
"예끼! 말도 아닌 소리 말게."
"그게 그렇지 않다네."

"뭐가 좋다는 게야. 그렇게 아는 체하는 자네는 거길 가 봤던가?"

"미련하긴. 꼭 가봐야 아는가?"

"그래 어떤데?"

가만히 미소 짓던 노인은 말한다.

"거기가 아 얼마나 좋으면 글쎄, 하고 많은 사람들 다들 가서는 안 돌아오느냐 그 말일세. 자네 거기서 돌아온 사람 한 사람이라도 있단 소릴 듣기나 했던가?"

듣는 노인은 묵묵부답, 다만 고개만 무수히 주억거렸다고 끝을 맺는다. 죽음에 관한 은은한 꽃향기 같은 일화이다. 죽음을 관조하는 수준에 도달해야 나올 수 있는 태도가 아닌가.

또 하나의 일화이다. 한 뛰어난 스님이 있었다. 그는 물구나무를 선 참선으로 죽음을 맞았다. 열반하고 며칠이 지나도 시신은 거꾸로 곤두서 있기만 했다. 밀어도 넘어뜨려도 까딱도 하지 않고 송곳처럼 꼬장꼬장했다. 소문을 듣고는 누이가 달려왔다. "너 또 그 장난질이구나!" 하고 누이가 살짝 밀쳤다. 그제야 송장은 바로 누웠다.

도를 깨친 스님이 염화시중의 미소로 죽음을 맞으면서 듣는 우리들까지 미소 짓게 만든 그의 마지막 유머. 삶과 죽음에 대한 얼마나 높은 수준의 통찰이 있어야 가능한 것인지 절로 탄복하게 만든다. 나는 죽음을 앞에 두게 되었을 때 관조와 유머로 내 생을 통찰할 수 있기를 간절히 바란다. 그 때까지는 한번 뿐인 인생을 의미를 느끼며 감탄하고 열심히 살아야겠다.

◉ 그래서 우리는 '순간에서 영원으로'

6개월의 시한부 삶을 선고받는다면, 그 마지막 시간들에 고통이 기다린다면, 치료는 연명에 불과하고 불치의 병이라면, 당신은 어떤 결정을 할 것인가?

29세의 결혼 2년차 브리트니는 존엄사를 선택했고, 2014년 11월 1일에 사랑하는 사람들에 둘러싸여 세상을 떠나겠다며 자신의 죽음의 시간과 모습을 스스로 결정하였다. 그녀의 남편과 가족들은 그 선택을 존중했다. 다만 극약을 처방받아야 하기에 미국에서 존엄사 법이 있는 5개 주 중 하나인 오리건 주로 이사하여 하루를 1년처럼 소중히 살고 있다. 그녀가 자신보다 하루라도 이 지구에 더 머무르는 이들을 위하여 해주는 말은 "하루하루를 즐기며 살고 소중히 생각하는 것을 위해, 사랑하는 사람들과의 순간을 위해 사세요. 다른 그 어떤 것도 이보다 중요하지 않답니다."이다.

정신과 의사의 역할 중에는 호프리스 환자들이 마지막을 잘 받아들이도록 돕는 일이 있다. 노인이라고 용이한 것은 아니지만 나이가 적을수록 더 힘들다. 의사의 마음속에 생기는 안타까움 등의 감정으로 인해서이다. 이를 역전이라고 한다. 그 지극한 슬픔, 혼란, 절절함 속에서 정신의학적 지식은 초라해지니 삶과 죽음을 초월하는 그 무엇이 절실하다.

신앙이 아니어도 그 마지막을 평안히 인도할 수 있다면 훌륭한 상담자라고 생각한다. 사람은 누구든 시한부 인생이라 할 수 있는데 임종을 맞는 사람의 태도의 능력은 학력과 경제적인 능력과 아무 상관이 없다. 잘 살았던 사람이 잘 죽는다. 그녀의 부탁처럼 사는 사람이 그녀처럼 아름답게 죽을 것이다. 그래서 영성이 뛰어난 그녀의 존엄사가 달리 보인다.

얼마 전, 가수 신해철 님이 세상을 떠났다. 갑자기 벌어진 사별이고 유명 가수이고 오피니언 리더였기에 많은 이들이 안타까워했고 슬픔에 빠졌다. 그는 평소 용기 있게 우리 사회의 개혁을 위한 소신을 피력해 왔다. 또한 불면증과 우울증을 오랫동안 앓아오며 정신적 고통을 겪어왔고 암 투병 중이던 지금의 아내와 결혼을 하였다.

이런 사연의 사람이면 평소 자신과 사랑하는 사람의 죽음을 많이 생각하게 된다. 아이들이 생기고부터는 너무 행복해져서 불면증과 자살 충동이 저절로 치유가 되었다던 이 순수한 사람은 이

런 말도 하였다. "신은 네가 무슨 꿈을 이루는지에 대해서 관심을
두지 않는다. 하지만 네게 행복한지 아닌지에 대해서 신은 엄청
난 신경을 쓰고 있다."

그래서일까. 그는 출세와 성공보다는 하루하루 자신이 하고 싶
은 것을 하며 후회하지 않을 삶을 살려고 하였다고 본다. 내일을
알 수 없는 우리는 갑자기 사랑하는 사람들과 헤어질 수 있다며
가족에 대한 유언까지 동영상으로 찍어 두었다. 아직 어린 아이
들이 커가는 것을 보며 오랫동안 가족의 옆에 있을 것이라고 믿
었겠지만 이렇게 황망하게 떠날 줄은 그도 몰랐을 것이다. 그의
유언 영상을 보니 아내에 대한 절절한 애정이 넘쳐나고 정말 사
별하는 것처럼 진지했다. 그 영상이 진짜 유언이 되어버린 지금
비감한 일이지만 남을 사람들을 위해 영상을 찍었던 것은 정말
잘한 것 같다.

아내와 함께 종신보험에 가입할 때 유언장을 써 놓아야 한다
는 부탁을 받았다. 처음엔 나의 죽음에 대해 생각해야 한다는 것
에 싫은 마음이 들었다. 하지만 글을 써내려가며 나의 사망 이후
남을 아이들에 대한 사랑을 표현하면서 진지하고 숙연해졌다. 이
것은 소중한 경험이었고 내가 죽으면 아이들에게 전해질 것이다.
다음에는 동영상도 만들어두려고 한다. 죽음을 생각하고 또 그
일이 분명히 다가올 일임을 피부로 느끼는 순간 표현해야 한다는

절박한 마음이 들었다. 그날 아이들에게 그때의 심정과 너희들을 무척 사랑하고 있음을 말했다. 그런데 아내에게는 쓰지 못했다. 그래서 겸연쩍지만 여기에 적고 싶다.

"여보! 우리가 보낸 대부분의 시간들은 뜨겁던 사랑을 한 이후에 역할에 충실하고 생활에 부대꼈던 바쁜 시간들이었소. 아이들의 성장과 함께 우리에게 왔던 그 많은 순간들에서 은은하고 조용히 빛났던 당신은 얼마나 나에게 소중한 존재였는지 모르오. 고맙고 사랑합니다, 라는 말과 건강해달라는 부탁을 하고 싶소. 가끔 우린 흰소리로 자기가 죽고 나면 더 좋은 사람과 살라는 말을 하곤 했지요. 자기보다 더 좋은 사람은 없으니 그리워질 거라는 건지, 혼자 살 세월이 안쓰러워서 하는 부탁인지 애매한 말이었던 것 같소. 난 지금도 간절히 비오. 부디 당신이 나보다 온전히 오래 살아주었으면 하고. 나와 사별하고 외로울 때 다른 짝을 만나는 것은 당신 뜻대로 하세요. 꼭 재혼하라는 부탁은 차마 하지 못하겠소. 벌써 질투가 나서 말이오. 사별의 순간까지 내 곁에 있어 줄 그대여, 사랑하며 감사합니다."

나의 카카오톡과 카카오스토리의 프로필 상태 메시지에는 두 개의 문장이 적혀 있다. '고통을 담는 마음의 그릇이 호수가 되기를'과 '순간에서 영원으로'이다. 우리들은 모두 시한부 인생이다. 마지막에 충분히 살았다고 만족하기 힘들게 너무 짧은 시간들이다. 이 아쉬운 시간들을 길게 늘리려면 의미 있는 순간들을 많이 만들어야 하지 않을까. 당신의 마음속에는 얼마나 많은 순간들이 채워져 있는가? 그 순간들이 빛난다면 당신은 시간 늘리기에 성공한 것이다.

아인슈타인의 시간의 상대성 논리에 건방지게 하나 더 추가하고 싶다. 시간은 주관적이라고 생각한다. 긴 시간이었지만 부질없이 느껴져 짧게 되어버린 시간이 있다. 찰나였는데 각인이 되어 길어진 시간이 있다. 그 뒤에도 그 시간들을 떠올린다면 더욱 길어지게 되는 것이다. 각인되는 그 순간들이 분노와 자학이 아니라 찬란한 행복의 느낌이면 좋겠다. 그래서 우리 영혼에 빛이 가득해지면 우리는 순간에서 영원으로 진화하게 될 것이다.

후기

    2015년 2월에 열렸던 한미수필문학상 시상식에서 심사위원장이었던 정호승 작가는 환자와의 치료 경험을 소재로 글을 쓰는 의사들에게 절의 처마 끝에 매다는 '풍경' 이야기를 한 적이 있다. 자신이 풍경을 달아보았는데 너무 안쪽에 달았더니 바람을 받지 못하여 소리가 나지 않더라는 것이다. 그는 의사들에게 소리가 잘 울리는 풍경처럼 제 위치에 있어 달라는 부탁을 하였다. 환자와 잘 소통하여 그들의 고통에 마음을 내어달라는 바람일 것이다.

    난 그의 말을 들으며 돌아가신 아버지 생각이 났다. 패기만만하던 전공의 4년차 시절, 아버지께서는 우연히 내가 상담하는 것을 들으시고는 한 가지 부탁을 하신 적이 있었다. "치호야! 마음 아픈 사람들이 힘든 사연을 털어놓을 때 손이라도 좀 따뜻하게 잡아주며 다정하게 공감해준다면 어떻겠니?" 난 아버지의 의도를 이해했지만 정신치료를 모르시기에 하는 말씀이라고 여겨 흘려들었다. 그리고 스킨십 같은 치료자의 지나친 반응은 치료적 관계를 해친다고 설명드렸다. 아버지는 안타까우신 듯 한 번 더 당부하시며 우리의 대화는 끝이 났고 나는 아버지의 그 말씀을 잊어버렸다.

몇 년이 지났다. 나의 환자들은 너나없이 마음의 상처들이 깊었고 고통스러워하였다. 나는 학회들을 찾아다니며 내가 배운 것 이외의 다른 치료 방법들을 공부했다. 다양한 무기들을 갖추고 자신감에 고취되어 전쟁 같은 이 치료에 전의를 불태웠다. 하지만 환자들의 상처는 베어내고 태워도 완전히 없어지지 않고 고통스러운 일을 겪으면 또 재발하였고 그 사람을 지배하였다. 난 지치고 무기력해졌다.

어느 날 마음이 무너지듯 힘들어하는 환자를 보며 안쓰러워 그의 손을 꽉 잡고 가만히 있었다. 울컥하면서 눈물이 글썽했고, 얼마나 힘드냐고 하는 내 목소리는 떨렸다. 그가 나가고 나는 실수를 했음을 알았다. 치료자의 지나친 감정 반응으로 환자가 의사에게 의지하면 자신의 문제를 깨닫도록 도와주지 못하는 것이므로 자책을 하였다. 그런데 다음에 본 그는 많이 좋아진 모습이었다.

"저 혼자 괴로운 고통이었는데 선생님 덕분에 힘을 얻었어요. 사실 이전에 의사 선생님들과의 상담에서 상처를 받은 적이 있거든요. 항상 차분하고 냉정하게 거리를 지키며 듣는 의사 선생님들의 모습을 보며 제 말이 허공에 흩어지는 느낌이 들었지요. 어떤 날은 제 말을 듣지 않고 자신들의 말만 하시더군요. 그날 선생님 면담 후 가슴에 맺힌 게 풀렸어요. 물론 제 문제는 제가 풀어야겠지만 용기가 났기에 열심히 하렵니다."

이 환자에게는 어떤 특별한 치료를 하지 않았었는데도 스스로 일어난 변화였다. 그 순간 그의 눈빛을 보면서 우리의 '치료적 관계(rapport)'가 단단해졌다고 느꼈다.

그 후 아버지를 뵈었을 때 이제야 나의 큰 실수를, 내가 많이 오만하였음을 깨닫게 되었다고 말씀드렸다. 아버지는 고개를 끄덕이시며 가만히 미소를 지으셨다.

그 뒤로 나는 환자들을 상담할 때 확실한 치료 방법을 찾는 것보다 더 중요하게 여기는 게 있다. 환자와 나의 치료적 관계의 질이다. 환자의 마음에 치료자가 어떻게 자리 잡고 있는지가 치료의 성과에 큰 영향을 주기 때문이다. 우리의 관계가 든든하다면 가만히 들어주고 기다려 주는 것만으로도 분명히 좋아진다. 고통은 극복하는 것이 아니라 더불어 같이 견디고 그 의미를 받아들이는 것이니까.

내 아버지에게, 정호승 작가에게, 삶이 희극인지 비극인지 물어본다면 어떤 대답을 듣게 될까? 정호승의 詩, '풍경 달다'가 떠오른다.

운주사 와불님을 뵙고
돌아오는 길에
그대 가슴의 처마 끝에
풍경을 달고 돌아왔다
먼 데서 바람 불어와
풍경 소리 들리면
보고 싶은 내 마음이
찾아 간 줄 알아라

나는 가슴을 부여잡고 나에게 오시는 분들에게 처마 끝의 적절한 위치에 달려 맑은 소리로 소통하는 풍경이 되고 싶다. 눈 감지 않는 풍경의 물고기처럼 항상 각성하는 치료자의 영혼을 지니고 싶다. 살면서, '아! 정말 삶은 비극투성이야'라고 생각될 때 풍경 소리가 들리면 좋겠다. 서로를 위해주고 염려해주는 마음이 바람되어 흔들리는 풍경 소리가…. 이렇게 사랑의 소리로 돌아온다면 우리 마음은 외롭지 않을 것이다.

인생은 멀리서 보면 아름답고 가까이에서 보면 고통스러운 것이라고 한다. 행복해 보이는 가족도 그 속내를 들어보면 제 나름의 고충과 상처들을 가지고 있음을 보아왔다. 솔직히 인생은 아름답다고 쉽게 말을 못하겠다. 행복한 순간들이 오면 근심거리도 곧 닥친다는 것을 우리는 안다. 외롭고 힘들 때 나의 손을 잡아주는 것은 숙명으로 맺어진 바로 나의 가족이다. 이 손을 잡고 오해와 미움이 깊어지지 않도록 성실하고 꾸준히 가슴과 귀를 기울여 준다면 얼마나 좋을까. 이렇게 서로 사랑의 풍경 소리를 노력한다면 인생은 가까이서 보더라도 아름다운 풍경이 될 수 있다. 우리 가슴의 처마 끝에서 파란 하늘로 울려 퍼지는 은은한 풍경 소리가 보이고 들리는 것 같다.